まるわかり職場巡視

■ 工場編 ■

－現場写真でたどる巡視の視どころ・勘どころ－

◆ は じ め に ◆

　工場の環境や働き方は、金属精錬業、機械加工業、化学工業、食品製造業などの業種によって異なります。同業種でも会社によって異なるかもしれません。同じ工場でもさまざまな製造方法、工程があり、取り扱われる設備や化学物質なども異なり、さまざまな職種の労働者が働いています。例えば、電化製品を製造する大規模な事業所の中には、クリーンルーム作業で特殊材料ガスを取り扱う半導体工場、ナノからトン単位までさまざまな製品を加工する組立工場、試作・研究施設、そして、これらを支えるインフラのための電気・水道・ガス・ボイラー施設、排ガス・排水処理施設などがあるでしょう。そこには、現場の第一線で働く労働者、管理監督者、生産技術スタッフ、研究開発スタッフ、人事総務や経理などの管理部門スタッフ、情報システムエンジニア、物流関係者、さらには、食堂や売店スタッフ、清掃スタッフ、保安や警備スタッフなど、さまざまな職種の労働者がいます。

　職場巡視の目的は、こうした労働者の働いている環境や働き方の現状を把握した上で、労働者の健康障害を予防するために、問題点を明らかにし、改善のための指導と提案を行うことです。職場巡視をする職種もさまざまですが、本書では筆者をはじめ複数の産業医が経験した工場での実際の職場巡視事例を中心に、比較的経験が浅い衛生管理者、産業医、産業看護職などの産業保健スタッフが行う工場の職場巡視のポイントについて解説します。

　以下に、本書の使い方を説明します。本書は、職場巡視の基本事項、準備、実施、事後措置の4つのパートから構成されています。

　Ⅰ　**基本事項**：職場巡視の前提として、産業保健の目的、労働衛生3管理、巡視者別の法規について記します。特に、労働衛生3管理の視点をしっかり身に付けてください。

　Ⅱ　**有害業務別**、Ⅲ　**作業別**、**リスクマネジメント**：工場でよく見られる酸欠、化学物質使用、粉じん、高温（暑熱）、騒音、振動、金属アーク溶接、重筋負荷、転倒、感染拡大防止を題材にして職場巡視のシミュレーションを実施します。

　①　まず基本事項とチェックリストを確認します。

　②　実際の巡視をしているつもりで作業の概要を読み、さらに収録写真上でその作業を確認

します。

③ 作業を見ただけでは良否の判断がつかないことがあります。その作業場、管理監督者、作業者などへの確認事項を挙げてありますので、ご自分のシミュレーションと比較してみてください。

④ ①〜③を基に、ご自分なりに改善すべきポイント（指摘事項）を挙げてみましょう。その後、本書に記載されている指摘事項を比較してみてください。

⑤ 最後に、取り上げた作業の職場巡視における留意点を確認します。

Ⅳ 事後措置：職場巡視後の事後措置として、検討会、記録の作成、安全衛生委員会での報告を記しています。上記「Ⅱ」「Ⅲ」の中から③④の作業について、簡単な記録を作成してみましょう。

なお、本書で足りない専門知識などは、成書で補ってください。巻末には法令、通達も収録しており、インターネットでも簡単に検索できます。必要に応じてチェックしてください。

2023 年 1 月
株式会社クボタ 産業医
加部　勇

もくじ

コラム

I 職場巡視の基本事項

1 産業保健の目的

　産業保健の目的には、以下などが挙げられています（ILO〈国際労働機関〉/ WHO〈世界保健機関〉合同委員会）。

　　　・労働者の作業条件に起因する疾病を予防すること
　　　・健康に不利な条件から、労働者を保護すること
　　　・労働者の特性に応じた職場環境へ配置すること

　高温（暑熱）作業では、熱中症や火傷（やけど）する可能性があります。寒冷作業では、低体温症や凍傷の危険があります。重量物を取り扱う作業では、腰痛などの筋骨格系を傷めることもあります。こうした条件から疾病を予防し、労働者を保護しなければなりません。また、高血圧や糖尿病などのコントロールが悪い労働者は、高所作業、暑熱作業や寒冷作業を避けるため、適正配置が必要になります。

2 職場巡視と労働衛生3管理

　この産業保健の目的が成されるためには、労働衛生の3管理（作業環境管理、作業管理、健康管理）を職場で有効に実施することが必要です。職場巡視は、作業環境管理、作業管理、健康管理の情報収集の重要な手段であり、職場巡視なしには3管理はあり得ないと言っても過言ではありません（図1）。

　産業保健スタッフは、労働者がどのような作業に携わっているのか、その作業にはどのような負荷があるのか、どのような状態にあるのか、そしてどんな改善が必要なのか、これらを的確に捉えて事業者のみならず、職場の管理監督者や労働者に指導・助言・勧告します。そのためにも職場巡視を実施し、職場と労働者の実態を把握しましょう。

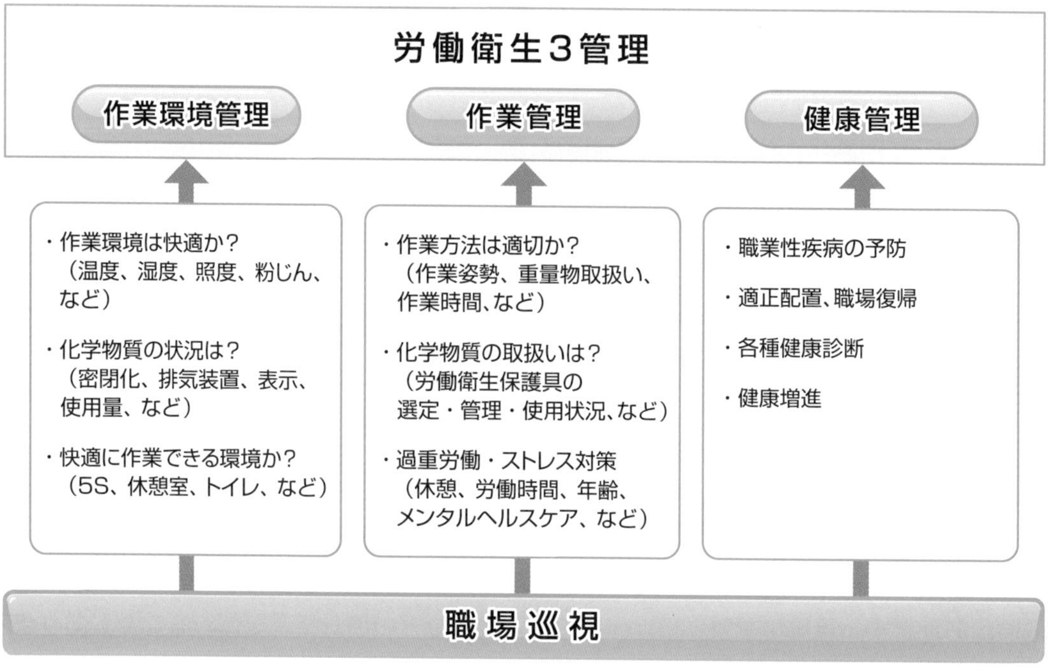

労働衛生3管理

作業環境管理	作業管理	健康管理
・作業環境は快適か？ 　（温度、湿度、照度、粉じん、 　など） ・化学物質の状況は？ 　（密閉化、排気装置、表示、 　使用量、など） ・快適に作業できる環境か？ 　（5S、休憩室、トイレ、など）	・作業方法は適切か？ 　（作業姿勢、重量物取扱い、 　作業時間、など） ・化学物質の取扱いは？ 　（労働衛生保護具の 　選定・管理・使用状況、など） ・過重労働・ストレス対策 　（休憩、労働時間、年齢、 　メンタルヘルスケア、など）	・職業性疾病の予防 ・適正配置、職場復帰 ・各種健康診断 ・健康増進

職場巡視

（吉積宏治「職場巡視－職場の見方と改善へのアプローチ－」産業医学専門講習会. 2010.
産業医学振興財団より引用）

図1　職場巡視と労働衛生3管理

 ## 巡視者別の職場巡視

　労働安全衛生法では、事業者は、労働災害防止対策として労働災害（職業性疾病を含む）の発生原因を調査し、再発防止対策を講じます。さらに、危険性または有害性を災害発生前に特定し、リスクを見積もり、リスク低減措置を講じるリスクアセスメントのため、職場巡視の重要度は増しています。

　産業保健スタッフの中でも衛生管理者と産業医等による職場巡視は、労働安全衛生規則において次のように定められています。なお、職場巡視の範囲は、「すべての作業場及び休憩所、食堂、炊事場、便所等の保健施設」（昭和33年2月13日付け基発第90号）になります。これらに喫煙所なども加えてください。

① 衛生管理者の定期巡視及び権限の付与（労働安全衛生規則第11条）

　衛生管理者が職場巡視をしなかったり、あるいは権限を付与されているにもかかわらず適切な措置を取らなければ、労働安全衛生規則違反になることを意味しています（表1）。

　この条文は衛生管理者に関する規定の中でも数少ない実施義務が課されたものです。「衛生に関する措置」は幅広く、表2のようになります。特に、衛生管理者として事業場で選任されている保健師、看護師は、その職務を果たしましょう。

表1　労働安全衛生規則第11条

（衛生管理者の定期巡視及び権限の付与）
第11条　衛生管理者は、少なくとも毎週1回作業場等を巡視し、設備、作業方法又は衛生状態に有害のおそれがあるときは、直ちに、労働者の健康障害を防止するため必要な措置を講じなければならない。
2　事業者は、衛生管理者に対し、衛生に関する措置をなし得る権限を与えなければならない。

表2　衛生管理者の職務

衛生管理者の職務
1. 労働者の危険又は健康障害を防止するための措置に関すること（労働安全衛生法第10条）
2. 労働者の安全又は衛生のための教育の実施に関すること（同上）
3. 健康診断の実施その他健康の保持増進のための措置に関すること（同上）
4. 労働災害の原因の調査及び再発防止対策に関すること（同上）
5. 安全衛生に関する方針の表明に関すること（労働安全衛生規則第24条の2）
6. 法第28条の2第1項又は第57条の3第1項及び第2項の危険性又は有害性等の調査及びその結果に基づき講ずる措置に関すること（同上）
7. 安全衛生に関する目標の設定に関すること（同上）
8. 安全衛生に関する計画の作成、実施、評価及び改善に関すること（同上）
9. 少なくとも毎週1回作業場等を巡視し、設備、作業方法、又は衛生状態に有害のおそれのあるときは、直ちに労働者の健康障害を防止するための措置を講ずること（労働安全衛生規則第11条）

衛生に関する措置（昭和47年9月18日付け基発第601号の1）
1. 健康に異常のある者の発見および処置
2. 作業環境の衛生上の調査
3. 作業条件、施設等の衛生上の改善
4. 労働衛生保護具、救急用具等の点検および整備
5. 衛生教育、健康相談その他労働者の健康保持に必要な事項
6. 労働者の負傷および疾病、それによる死亡、欠勤および移動に関する統計の作成
7. その事業の労働者が行なう作業が他の事業の労働者が行なう作業と同一の場所において行なわれる場合における衛生に関し必要な措置
8. その他衛生日報の記載等職務上の記録の整備等

② 産業医の権限の付与及び定期巡視 （労働安全衛生規則第14条の４及び第15条）

　産業医の職場巡視の回数は、衛生管理者とは異なり、毎月１回以上となっています。特に事業場に専属していない嘱託産業医の場合は、回数やその質が不十分になりがちですので、事業場訪問時には必ず職場巡視の時間を設けましょう（表３）。

　広大な事業場を担当するような場合には、一度の巡視で全ての職場を回ることができない場合もあり、その際には半年から１年かけて全ての職場を巡視するような計画を立てる産業医もいるようですが、本当の趣旨ではありません。「少なくとも毎月１回」というのは、「毎月１回」だけという意味ではありません。広大な敷地の全ての作業場を月に１回は巡視できるように、週数回の職場巡視の計画を立てましょう。工場は常に変化しています。同じ作業場でも季節や昼夜などによっても変化します。

　なお、過重労働による健康障害の防止やメンタルヘルス対策等が事業場における重要な課題となっており、産業医のより効率的かつ効果的な職務実施が求められています。

　そのような中、これらの対策のための情報収集に当たり、職場巡視とそれ以外の手段を組み合わせることも有効と考えられることから、毎月、所定の情報が事業者から産業医に提供される場合には、産業医の職場巡視の頻度を２カ月に１回とすることを可能としました。巡視の頻度の変更には事業者の同意が必要です。

　所定の情報とは、以下の３つ等です。

表３　労働安全衛生規則第14条の４及び第15条

（産業医に対する権限の付与等）

第14条の４　事業者は、産業医に対し、第14条第１項各号に掲げる事項をなし得る権限を与えなければならない。

２　前項の権限には、第14条第１項各号に掲げる事項に係る次に掲げる事項に関する権限が含まれるものとする。

　一　事業者又は総括安全衛生管理者に対して意見を述べること。

　二　第14条第１項各号に掲げる事項を実施するために必要な情報を労働者から収集すること。

　三　労働者の健康を確保するため緊急の必要がある場合において、労働者に対して必要な措置をとるべきことを指示すること。

（産業医の定期巡視）

第15条　産業医は、少なくとも毎月１回（産業医が、事業者から、毎月１回以上、次に掲げる情報の提供を受けている場合であって、事業者の同意を得ているときは、少なくとも２月に１回）作業場等を巡視し、作業方法又は衛生状態に有害のおそれがあるときは、直ちに、労働者の健康障害を防止するため必要な措置を講じなければならない。

　一　第11条第１項の規定により衛生管理者が行う巡視の結果

　二　前号に掲げるもののほか、労働者の健康障害を防止し、又は労働者の健康を保持するために必要な情報であって、衛生委員会又は安全衛生委員会における調査審議を経て事業者が産業医に提供することとしたもの

【 巡視頻度を減らす条件 】

① 衛生管理者が少なくとも毎週１回行う作業場等の巡視の結果
　　・巡視を行った衛生管理者の氏名、巡視の日時、巡視した場所
　　・巡視を行った衛生管理者が「設備、作業方法又は衛生状態に有害のおそれがあるとき」と
　　　判断した場合における有害事項及び講じた措置の内容
　　・その他労働衛生対策の推進にとって参考となる事項

② ①に掲げるもののほか、衛生委員会等の調査審議を経て事業者が産業医に提供することと
　したもの
　　例）・労働安全衛生法第66条の９に規定する健康への配慮が必要な労働者の氏名および
　　　　　その労働時間数
　　　　・新規に使用される予定の化学物質・設備名、これらに係る作業条件・業務内容
　　　　・労働者の休業状況

③ 休憩時間を除き１週間当たり40時間を超えて労働させた場合におけるその超えた時間が
　１カ月当たり100時間を超えた労働者の氏名および当該労働者に係る超えた時間に関する
　情報（労働安全衛生規則第52条の２）

　事業者の同意を得る際は、産業医の意見に基づいて、衛生委員会等において調査審議した上で行うことが必要です。また、当該調査審議は、巡視頻度を変更する一定の期間を定めた上で、その一定期間ごとに産業医の意見に基づいて行います。

　ただし、産業医は、常に労働者の働く環境、有害要因を把握し、健康障害を予防するために安易に職場巡視の回数を減らすことがないように心がけてください。

③ 安全管理者の巡視及び権限の付与（労働安全衛生規則第６条）

　安全管理者も衛生管理者と同様に職場巡視の実施と権限の付与が義務付けられていますが、実施の頻度に関する決まりはありません（表４）。これは安全管理者にとって職場巡視が日常業務であることを意味しています。決して月１回程度の頻度でよいということではありません。

表４　労働安全衛生規則第６条

（安全管理者の巡視及び権限の付与）
第６条　安全管理者は、作業場等を巡視し、設備、作業方法等に危険のおそれがあるときは、直ちに、その危険を防止するため必要な措置を講じなければならない。
２　事業者は、安全管理者に対し、安全に関する措置をなし得る権限を与えなければならない。

④ 店社安全衛生管理者の巡視（労働安全衛生規則第18条の8）

　建設業の現場のうち、特定の工種において小規模な現場（下記①～④）の安全衛生管理を店社より指導支援する店社安全衛生管理者については、毎月1回以上の職場巡視が義務付けられています。

【 店社安全衛生管理者による毎月1回以上の巡視が義務付けられている職場 】
　① ずい道等の建設（常時20人以上30人未満）
　② 圧気工法による作業（常時20人以上30人未満）
　③ 一定の橋梁の建設（常時20人以上30人未満）
　④ 主要構造部が鉄骨造又は鉄骨鉄筋コンクリート造の建設物の建設（常時20人以上50人未満）

⑤ その他

ア　総括安全衛生管理者

　総括安全衛生管理者は、安全衛生の最高責任者としての立場で職場巡視を行うものです。事業場のトップが職場巡視を行うことで、事業場全体の安全衛生の向上を図ります。

イ　安全衛生委員会委員

　安全衛生委員会を機能させるために委員が職場巡視を行いましょう。毎月開催される委員会前後に職場巡視を安全衛生の年間計画として実施し、その結果・評価および改善内容を委員会で付議しましょう。

ウ　産業看護職

　産業看護職は保健指導を実施するに当たり、当該労働者がどのような環境で、どのような仕事をしているかを知ることは重要です。個別指導にとどまらず、ポピュレーション・アプローチへ発展できます。昼休憩時間の食堂（何をどれくらい食べているか）、休憩時間の喫煙所などもチェックしましょう。

Column 1
産業保健に関する略字の読み方いろいろ

　産業保健では英語の略字がしばしば出てきますが、そのままのローマ字読みでいい時と、ローマ字読みしない時があります。そこで、英語の略字を以下に列挙します。

【そのままローマ字読みする略字】

● **ACGIH**　化学物質を扱う業種の産業医が耳にする単語です。American Conference of Governmental Industrial Hygienists（米国産業衛生専門家会議）の略字で、日本の許容濃度に当たる TLVs や BEIs を発表している団体です。

● **ISO**　製造業系の産業医を中心に、会社にいれば耳にする可能性のある単語です。International Organization for Standardization（国際標準化機構）の略字で、事業所が ISO**** を取得していると、国際基準を満たしている証明になります。ISO9001 は「品質」、ISO14001 は「環境」、ISO45001 は「労働安全衛生」の国際基準のことです。

● **SDS**　化学物質を扱う業種の産業医が耳にする単語です。Safety Data Sheet（安全データシート）の略字で、その化学物質の物理化学的性質や危険性・有害性および取扱いに関する情報が書かれた文書です。

【そのままローマ字読みしない略字】

● **JIS：ジス**　耳栓や防じんマスク等の保護具を扱う職場の産業医が耳にする単語です。Japanese Industrial Standards の略字で、日本産業規格の答申を受けて主務大臣が制定する規格であり、日本の国家規格の一つです。職場で使用する保護具は、JIS 規格を通っているものを使用する必要があります。

● **NIOSH：ナイオッシュ**　職業性ストレスモデルを見る時等に耳にする単語です。National Institute for Occupational Safety and Health（米国立労働安全衛生研究所）の略字で、産業保健でよく耳にするストレスに関する考え方を提唱したアメリカの研究所です。

● **A（8）：エーエイト**　チェーンソーやグラインダー等の振動工具を使用する職場の産業医が耳にする単語で、「日振動ばく露量」のことを表しています。振動工具ごとに決まっている周波数補正振動加速度実効値の 3 軸合成値（手腕へ伝わる振動の強さ）と実際の振動工具を使った作業時間から導き出す、振動工具による健康障害を引き起こすリスクを見積もる指標です。日振動ばく露量 A(8) が 5.0m/s^2 を超える場合は低減措置が必要と判断されます。

● **OWAS 法：オワス法**　ライン作業や重筋作業のある現場産業医が耳にする単語です。Ovako Working Posture Analysing System の略字で、作業姿勢と重量物の重さを指標として、腰痛等のリスクを見積もる方法です。

● **HACCP：ハサップ**　食品衛生業の産業医が耳にする単語で、Hazard Analysis and Critical Control Point の略字です。食品等事業者自らが食中毒菌汚染や異物混入等の危害要因を把握し、それらを除去または低減させるために特に重要な工程を管理し、製品の安全性を確保しようとする衛生管理の手法です。

（中山　雅史）

職場巡視の準備

　職場巡視は、より安全で快適な職場づくりのための重要な機会です。すなわち、巡視すること自体が目的ではなく、巡視を通じて従業員や職場が何らかの有効な行動変容を起こすことが真の目的と言えます。そのためには、それぞれの職場に合わせた準備をすることが大切です。

◇1　計画を立てる：目的・対象を明確にする

　広い工場や職場が分散している事業所では、一度に全ての作業場を見ることはできません。衛生管理者や職場責任者とスケジュールを立て、効率よく巡視を行います。職場巡視はその目的によって、方法や手段、事後措置が異なりますので、目的を明確にしましょう。

【 事前に明確にしておくべき事項 】
　① 作業環境や作業そのものを観察し、そこに潜む危険有害要因の把握、適切な措置等
　② 安全衛生計画の策定のための現状把握、計画の進捗状況等の確認
　③ 法令や社内基準に対する適合状態の把握等
　④ 労働災害や健康障害が発生している場合や発生が疑われる場合の措置
　⑤ 健康管理者や保健指導者の作業状況等の確認

　職場や従業員の間ではどのようなことが問題となっているか、産業保健分野でのニーズは何かなど、あらかじめ分かっておくと巡視がより有効に進められます。同じ職場を再度巡視する際も、何に重点を置いて巡視をするのか、その都度テーマを明確にしておくと、マンネリ化せずによいでしょう。

◇2　十分な情報を入手する

　巡視の前に職場の概要を把握しておきましょう（表5）。安全衛生委員会の議事録、リスクアセスメントの結果、過去の職場巡視報告書、作業環境測定結果、健康診断結果、災害発生状況、使用化学物質の種類や性状等の情報を収集しておくことは、その職場を理解する上で大変有用です。対象職場に適用される関係法令も把握しておきましょう。事前に情報を持ち、職場のあるべき姿を把握しておくことが職場巡視の効果を上げるポイントです。

表5 工場職場巡視の参考資料

資　料	内　容
事業場組織図	巡視する職場の部門、管理監督者、上司やスタッフを把握する。 改善提案の提出先を把握しておく。
工場設備平面図	広い工場内で職場を的確に把握する。 重機や危険有害物の取扱い場所を把握する。
工程説明図 （プロセスシート）	作業手順の概要が示されている。 巡視前に作業内容を把握する。
使用原料・有害物質 （SDS* 等）	使用物質、有害物質の使用内容、使用場所を把握する。 ハザードとリスクを検討する。
作業環境測定結果	有害物質・業務の管理、作業環境の状態を把握する。 第2、3管理区分の単位作業場の把握、改善策を検討する。
過去の職場巡視報告書	以前の職場巡視でどのような点に注意していたか。 指摘事項や改善提案がどのように活かされているか。
健康診断結果	その職場に特有な傾向はないか。 健康増進対策として何が必要か。 要健康管理者の作業場所を把握する。
安全衛生委員会議事録	委員会で取り上げられた問題点、対策を把握する。 （保存義務：3年）
災害発生報告書	過去の災害発生状況、その後の改善対策を把握する。 類似災害の防止を図る。

＊ SDS:Safety Date Seet（安全データシート）

（吉積宏治「職場巡視−職場の見方と改善へのアプローチ−」産業医学専門講習会．2010.
産業医学振興財団を基に筆者作成）

③ 必要な装備

　職場巡視の目的や巡視場所が決まったら、それに合った装備や服装を準備することが必要です。製造工場であれば、作業服・保護帽・安全靴を着用し、保護具を必要とする場合には、必ず着用します。これは巡視者自身が不用意な有害物質へのばく露を回避するための安全配慮、事故防止はもちろんですが、作業者への教育的な意味も兼ねています。身をもって適切な保護具の使用方法を示し、安全衛生への意識を高めることも職場巡視の重要な意義の一つと言えます（図2、3）。
　病院の感覚で、医療用の白衣で職場巡視をされる産業医や産業看護職をみかけますが、回転物に巻き込まれたり、自らが汚染源になったり、有害物質にばく露される可能性があるので、現場の作業者が着用している作業服に着替えるのが基本中の基本です。

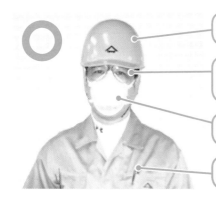

ヘルメット（素材・耐圧・あごひも）

保護めがね
サイドガード

防じんマスク装着方法

作業服素材・サイズ

防じんマスク
（ゴムの位置が悪い）

作業服
（大きいサイズを着用）

綿帽
（素材・あごひもなし・浅いかぶり）

頭髪
（綿帽・作業服から露出）

写真上：金属鋳造業作業場巡視時の装備。
写真下：金属鋳造作業場巡視時の装備が悪い例。
　　　この金属鋳造職場では粉じん作業があ
　　　り、天井クレーンが走行している。

図2　職場巡視の装備例1

クリーンウエア
（頭髪・皮膚・衣服の露出をなくす）

保護めがね
（目の露出をなくす）

クリーンルーム用マスク
（口・皮膚の露出をなくす）

クリーンルーム用作業靴
（皮膚・衣服の露出をなくす、
静電気防止）

図3　職場巡視の装備例2

半導体製造工場クリーンルーム作業場巡視の装備。

④ 携帯品

　事前準備した資料は持参しましょう。記録をとるためのメモ用紙、筆記具は必須です。また、デジタルカメラやスマートフォンで撮影した写真は、事後措置の記録作成や改善の進捗評価をするのに便利です（P114参照）。耳栓や防じんマスクなどの労働衛生保護具も携帯し、必要に応じて着用します。局所排気装置の性能等をチェックするためにスモークテスターや風速計を携帯したり、作業環境調査のために照度計、騒音計、WBGT測定器、ガス検知装置（検知管、酸素モニター、VOC〈揮発性有機化合物〉モニター等）を携帯することもあります。

⑤ チェックリスト

　職場巡視者の経験が浅いと、見落としが起こりがちです。また、巡視者によって指摘するポイントが違います。こうした個人差をなくすには、チェックリストの活用が有効です。チェックリストは、その目的に従って使い分ける必要があります。アクションチェックリストのようにみんなで考え、改善提案をし、実際に改善するものは時間がかかりますが高い効果が望めます。

　本書は職場巡視の経験の浅い者を対象に、労働衛生の3管理および5管理（3管理＋労働衛生教育、労働衛生管理体制）を中心にまとめた簡単なチェックリストを用意しました。職場巡視時に3管理・5管理を意識しながら職場をみると、見落としが少なくなるためです。読者の皆さんも3管理および5管理で職場をみる習慣を付けてください。

（加部　勇）

Column 2
フェール・セーフとフール・プルーフ

　フェール・セーフとは、「ものは壊れる」「人は間違える」ことを前提として、仮に機械に故障が生じたり、作業者が危険行動をとったりしても、安全な方へ向かう（≒機能停止する）ように設計された仕組みを指します。例えば、回転体に手を近付けるとセンサーが反応して自動で回転体が止まる仕組み（緊急停止回路）等です。

　フール・プルーフとは、作業者が誤った機械操作をしようとしても、安全装置が働いて操作ができないようにした仕組みのことを指します。例えば、試料取り出し口を適切に閉じなければ機械のスイッチが入らない仕組み（インターロックガード）等です。

　製造業では、機械設備等による挟まれ、巻き込まれ等の災害が多く、その中で、機械設備側に適切な対策が施されていれば、未然に防止することができたと考えられる災害が多いとされています。機械設備側に安全の仕組みを導入するのは費用がかさむため、すぐには導入できない場合が多いですが、労働災害防止対策を推進する上では重要な課題です。

（神出　学）

Ⅱ 有害業務別の職場巡視

1 酸欠職場の職場巡視

1 基本事項とチェックリスト

　空気中の酸素濃度が 18% 未満の状態を酸素欠乏と言います。一般的に酸素濃度が 16%程度から自覚症状が現れはじめ、10%以下になると死の危険が生じます。特に、酸素濃度が 6 %以下のような低酸素状態では、1 回の呼吸で死に至る危険があります。また、作業環境によっては致命的な低酸素濃度ではなくても、筋力低下やめまい・ふらつき等により転落・墜落などによって死に至るケースもあります（表6）。

　酸素欠乏症発生件数は、長期的には減少傾向ですが、近年は増減を繰り返しています。

　職場には、さまざまな理由で環境中の酸素濃度が低下し、酸素欠乏症を発症する場所が存在します（表7）。

　酸素欠乏は、一般に換気不良な閉鎖的、半閉鎖的空間で起こりやすく、その原因として、以下①〜③の 3 つが考えられます。特に工場では、タンク内部、地下のピット、密閉性の高い室などにおいて、窒素パージ、アルゴン封入、液体窒素、ドライアイス、炭酸ガス等を取り扱う場合は要注意です。

> 【酸素欠乏が起こる主な原因】
> ① 空気中の酸素が消費されて発生する場合
> ② 空気が不活性ガス等に置き換えられて発生する場合
> ③ 酸素の欠乏した空気等が流入・噴出することにより発生する場合

　職場での酸欠事故の主な発生原因として、酸素濃度測定未実施、換気未実施、空気呼吸器未使用、作業主任者未選任、特別教育未実施などが挙げられます。酸素欠乏症は、発生すると死亡災害に至る割合が高く、徹底した管理が求められます。産業医巡視では、表8のチェックリストに挙げるような項目が適切に行われているかを確認する必要があります。

表6　酸素濃度低下の人体への影響

段階 (ヘンダー ソンの 分類による)	空気中酸素		動脈血中酸素		酸素欠乏症の症状等
	濃　度	分　圧	飽和度	分　圧	
	(%) 18	(mmHg) 137	(%) 96	(mmHg) 78	安全下限界だが、作業環境内の連続換気、酸素濃度測定、墜落防止用器具、呼吸用保護具の用意が必要
1	16～ 12	122～ 91	93～ 77	67～ 42	脈拍・呼吸数増加、精神集中力低下、単純計算まちがい、精密筋作業拙劣化、筋力低下、頭痛、耳鳴り、悪心、嘔吐、動脈血中酸素飽和度85～80%（酸素分圧50～45mmHg）でチアノーゼが出現
2	14～9	106～ 68	87～ 57	54～ 30	判断力低下、発揚状態、不安定な精神状態（怒りっぽくなる）、ため息頻発、異常な疲労感、酩酊状態、頭痛、耳鳴り、嘔気、嘔吐、当時の記憶なし、傷の痛みを感じない、全身脱力、体温上昇、チアノーゼ、意識朦朧、階段・はしごから墜落死、溺死の危険性
3	10～6	76～ 46	65～ 30	34～ 18	吐気、嘔吐、行動の自由を失う、危険を感じても動けず叫べず、虚脱、チアノーゼ、幻覚、意識消失、昏倒、中枢神経障害、チェーンストークス型の呼吸出現、全身けいれん、死の危機
4	6 以下	46 以下	30 以下	18 以下	数回の喘ぎ呼吸で失神・昏倒、呼吸緩徐・停止、けいれん、心臓停止、死

（中央労働災害防止協会編：『酸素欠乏危険作業主任者テキスト 改訂第5版』. p31を一部改変）

表7　酸素欠乏症の主な発症原因と場所

原因分類			場　所
空気中の酸素が消費	化学的な空気中の酸素消費	鉱石・金属等が酸化され酸素を消費	・ボイラー　・鉄製のタンク　・密閉された船室　・貯水槽内 ・暗きょ　・排水路　等
	生物が呼吸をして酸素消費	微生物の呼吸	・し尿　・汚水などのタンク　・暗きょ　・マンホール ・地下ピット　・酒、しょうゆなどを入れたことのあるタンク
		穀物・野菜・木材などの呼吸	・穀物、試料、原木、チップなどの貯蔵庫
		人間の呼吸	・狭い密閉空間での作業
不活性ガス等に置換			・窒素ガスなど不活性ガスが封入されたタンクやピット、貯蔵施設の内部 ・冷凍機室、冷凍倉庫、冷凍トラックの内部
酸素欠乏した空気等の流入・噴出			・埋立地、トンネル、ガス田地帯の建物基礎杭の内部（メタンガス噴出） ・地下プロパン配管付近 ・石油タンカーの油槽、製油所タンク内部

表8　酸欠職場の職場巡視チェックリスト

管理		チェックポイント
作業環境管理	設備・環境	酸欠危険場所では、関係者以外立入禁止の表示を行っているか。
		救出作業時に必要な空気呼吸器やはしご、繊維ロープ、墜落制止用器具（ハーネス型、胴ベルト型）等、避難用器具等を備えているか。
		ガス漏出防止措置を講じているか。
	環境測定	作業開始前に空気中の酸素濃度を測定しているか。
		作業中、持続的に空気中の酸素濃度を測定しているか。
		測定機器を整備しているか。
		測定記録を３年間保存しているか。
作業管理	作業方法	作業主任者は所定の業務を励行しているか。
		作業基準に基づき安全な方法で作業を行っているか。
		空気中の酸素濃度を 18% 以上に保つように換気を行っているか。
		換気が十分にできない場合、空気呼吸器などの必要な保護具を使用しているか。
		酸素欠乏症等により転落するおそれのある場合には、墜落制止用器具（安全帯、命綱）等を使用しているか。
		空気呼吸器や墜落制止用器具等の保護具を作業開始前に点検し、異常があれば補修、取替を行っているか。
		作業場入退場時に人員を点検しているか。
		異常を早期に発見し処置を迅速に行うための監視人を配置しているか。
		設備の改造などの作業に、法的な措置を講じているか。
健康管理	健康診断	重度の貧血や心臓病等はないか。
	救急措置	酸素欠乏症等にかかった作業者を直ちに医師の診察・処置を受けさせる体制ができているか。
労働衛生教育		酸素欠乏症防止に関する特別教育を実施しているか（酸素欠乏症の発生原因、症状、空気呼吸器等の保護具の使用法、事故時の避難及び救急手当の方法や手順等について、十分に教育しているか）。
管理体制	選任	酸素欠乏危険作業主任者（第一種、第二種）を選任しているか。
	巡視	始業点検、定期点検、随時点検を行っているか。
		作業者は適切な保護具を着用して作業を行っているか。
		従業員の健康状態の確認（作業中の作業者が息苦しくなったり、気分が悪くなったりしていないか）。
		巡視記録は保存されているか。

②　酸欠職場の職場巡視

　工場では配管ピット内などに入り、作業を行うことがあります。このような作業場は酸素欠乏空気の発生のおそれのある場所であり、作業前・作業中ともに対策を図ります。

ア　作業の概要
　本例は、大型機器の試運転を行う作業場で、配管ピットが設けられており、試運転時にはピット内に不活性ガス（窒素ガス）を注入するため、酸素欠乏空気が含まれている可能性がありました。試運転前の機器据付作業時や試運転後の取り外し作業時には、ピット内で従業員が作業を行っていました（図4）。

イ　巡視時の確認事項
　本例では、表9のような確認を行いました。①②③は作業環境管理、④⑤⑥⑦は作業管理、⑧⑨は健康管理、⑩は労働衛生教育、⑪⑫は管理体制となります。

ウ　巡視時の指摘・指導事項
　この職場では、チェックポイントで挙げた項目は遵守され、日々運用されていました。そこで、より事故の起こりにくい仕組みづくりとして、以下のような提案を行いました。

　ピット内で作業する際は、「作業中」のランプスイッチを入れてからピット内へ入る手順となっているが、仮にスイッチを入れなくても中に入ることはできるため、何かのタイミングでランプスイッチを入れ忘れてしまう可能性も残っている。スイッチをオンにしなければ出入口が開かない仕組みにすると、より効果的だと考える。

図4　大型機器の試運転を行う作業場での酸欠対策

試運転時には配管ピット内へ窒素ガスを注入するため、酸素欠乏の危険があることが目立つように掲示されていた。

表9 酸欠職場巡視時の確認事項

確認事項	確認事項に対する回答
① 作業場の表示	ピット内で作業しているときにはパトランプが点灯し、また換気扇が運転するとランプが点灯するようになっている。どちらのランプもよく目立つ位置に取り付けられている（図5）。
② 作業環境測定	酸素濃度計が設置されている。作業前に酸素濃度は測定され、記録されていることを確認（図6）。
③ 緊急時の対応機器	緊急時の救助用の空気呼吸器は、ピット出入口横に準備されていた（図7）。
④ 換気の状態	作業に入る際には、換気スイッチを押してピット内作業が行われていた。
⑤ 作業頻度・時間	毎日。4〜5時間／日。
⑥ 保護具の使用状況	ピット内作業時は全員墜落制止器具等を着用して作業していた。
⑦ 作業中のモニタリング	ピット内作業中、従業員はポータブル酸素濃度計を着用し、酸素濃度が18%を下回るとアラームが鳴るようになっていた。
⑧ 健康診断	高血圧症2名、高脂血症3名、糖尿病1名。全員コントロール良好。
⑨ 作業者の体調等	体調不良を訴える作業者はなし。
⑩ 労働衛生教育	酸素欠乏防止の安全衛生教育は、雇い入れ時、配置転換時に必ず実施され、また年に2回以上、空気呼吸器の使用方法に関する実習教育が行われていた。
⑪ 緊急時の対応	緊急時の連絡体制あり。
⑫ 作業主任者の選任	2名の酸素欠乏危険作業主任者が選任・表示され、ピット内作業がある際には、作業指示・監督を行っていた（図8）。

エ 留意点と酸素欠乏症等防止規則

　酸素欠乏症による事故は年間の発生件数自体は多くなく軽視されがちですが、発生した場合の致死率が高く、生存できた場合も後遺症が残ることが多いため、発生すると重大災害につながる危険性が高い事故です。

　また、発生時、十分な保護具を着用せず救出作業を行おうとして被災する二次災害が目立つことも特徴です。業種としては製造業、建設業での発生が多く、工場では注意が必要です。こうした酸素欠乏症の発生防止のため、酸素欠乏症等防止規則では作業環境測定、換気、空気呼吸器の使用等作業場で実施すべき項目を定めています。これらを適切に実施すれば、発生を防ぐことができますので、巡視ではチェックリストを基にしっかりと確認するようにしましょう。

（神出　学）

ピット内に作業者がいると
パトランプが点灯

換気中ランプが点灯

ピット内で作業している時と
換気している時は、ランプが
点灯する。

パトランプのスイッチ

酸素濃度警報ランプ

図5　作業場（酸素欠乏危険場所）の表示

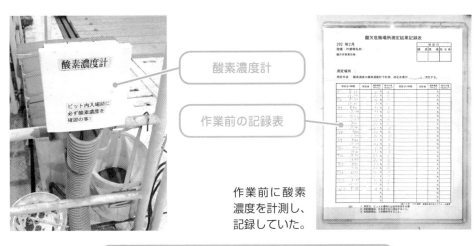

酸素濃度計

作業前の記録表

作業前に酸素濃度を計測し、記録していた。

図6　作業環境測定

救助用の空気呼吸器

ピット出入口横に準備されていた救助用の空気呼吸器。

図7　緊急時の対応機器

酸素欠乏危険作業主任者の氏名・職務の表示

作業主任者の氏名と職務が分かりやすい場所に表示されていた。

図8　酸素欠乏危険作業主任者の選任

化学物質使用職場の職場巡視

① 基本事項とチェックリスト（表10）

化学物質による健康障害の起こり方は、次の2つに分けられます。

【化学物質による健康障害が起こる原因】
　① 皮膚または粘膜（眼、呼吸器、消化器）の接触部位で直接起こるもの
　② 皮膚、呼吸器および消化器から体内に吸収されて一定量が蓄積され、特定の器官（標的臓器）に蓄積され障害が起こるもの

---

　①の例としては、塩素、フッ化水素などが皮膚に付着すると皮膚が痛み、赤くなり、水疱、潰瘍ができます。眼に接触すると角膜炎、結膜炎、ときに失明します。呼吸器に入ると肺炎、気管支炎、肺水腫等が引き起こされます。

　②の例としては、一酸化炭素は酸素を運ぶヘモグロビンと結合し、硫化水素やシアン化水素は細胞が酸素を利用する酵素を阻害することで化学窒息を起こします。有機溶剤は中枢神経に作用して意識を消失させます。これらは、ばく露されてから症状が出るまでが比較的早いため、原因究明も早いことが特徴です。

　マンガン等は中枢神経に障害を来し、手足が震えたり、麻ひしたりします。石綿やクロム化合物等は、ばく露から数年経過してから「がん」が生じることがあります。このように体内に蓄積されて、長い年月がたって障害を起こしてくるものは、その原因を突き止めることが難しく、対策が遅れることがあります。

表10　化学物質使用職場の職場巡視チェックリスト

管　理		チェックポイント
作業環境管理	設備	化学物質の使用中止や有害性の少ない物質への変更を検討したか。
		局所排気装置、プッシュプル型換気装置のフード、ダクト、ファン、排気口、性能を適切に管理しているか。
		休憩室、洗浄設備を適切に設けているか。
		作業場での喫煙や飲食を禁止し、掲示しているか。
		使用する化学物質の掲示を行っているか。
	自主点検	1年以内ごとに1回、局所排気装置、プッシュプル型換気装置、除じん装置の定期自主点検を行っているか。
		定期自主点検記録は3年間保存されているか。
	測定 作業環境	6カ月以内ごとに1回、作業環境測定を行っているか。
		測定記録は法令で定められた期間保存しているか。（通常は3年間、特別管理物質は30年間）
		測定結果の評価（管理区分）に基づく措置はとられているか。

作業管理	作業方法	作業者が化学物質にばく露する時間を減らす措置はとられているか。
		作業規程を作成し、それに基づいた作業をしているか。
		化学物質の容器に当該物質の名称と取扱い上の注意事項は表示されているか。
		SDS（安全データシート）は作業者がいつでも見られる場所にあるか。
	保護具	適切な呼吸用保護具を使用しているか。 　例：送気マスク、防毒マスク（×防じんマスク、不織布マスク）
		防毒マスクを使用する場合は適切な吸収缶を使用しているか。
		吸収缶の交換頻度は適切か（作業環境測定結果と破過曲線を考慮しているか）。
		保護衣、保護手袋、保護めがねは着用しているか。
		上記保護具は作業者の人数分以上を備え、衛生的に管理しているか。
健康管理	健康診断	雇い入れ時、配置変え時の健診を実施しているか。
		一定の期間以内ごとに1回、健診を実施しているか。
		健診結果は法令で定められた期間保存しているか。 （通常は5年、特定管理物質の特殊健診は30年）
	応急処置	作業者は応急処置の訓練を受けているか。
		緊急連絡先や連絡方法は周知されているか。
教育	労働衛生	雇い入れ時や作業内容変更時、作業者に教育をしているか。
		作業を指揮命令する者に教育をしているか。
		上記の教育の記録はあるか。
労働衛生管理体制	作業主任者	適正人数を選任し、作業者に分かるように表示しているか。 （交替制勤務の場合、各直に必要となる）
		局所排気装置、プッシュプル型換気装置、除じん装置等を1カ月以内ごとに1回定期的に点検しているか。
		保護具の使用状況、保管状況を管理しているか。
		上記の点検や管理していることを記録しているか。
	その他	化学物質リスクアセスメントは行われているか。
		リスクアセスメントの責任者は明確になっているか。

Column 3
KYT（危険予知訓練）

　職場や作業の中に潜む危険性や有害性等の危険要因を発見・把握・解決するための手法の1つで、ヒューマンエラー事故防止に有効な手段と考えられています。ローマ字のKYTは、K（危険）、Y（予知）、T（トレーニング）をそれぞれとったものです。

（神出　学）

こうした化学物質による健康障害を予防するためには、以下、①～③の労働衛生3管理が基本となります。さらに、作業者に対する教育を確実に実行し（「④労働衛生教育」）、作業主任者等を選任しその職務を遂行させること（⑤「労働衛生管理体制」）が重要です。化学物質による労働災害の多くは、作業主任者が選任されていない、あるいは、その職務を遂行していないことに起因しています。

① 作業環境管理

- ・化学物質の使用中止、有害性の少ない物質への転換
- ・生産工程、作業方法の改良による発散防止
- ・設備の密閉化、自動化、遠隔操作、有害工程の隔離
- ・局所排気装置、プッシュプル型換気装置による拡散防止
- ・希釈換気による気中濃度の低減
- ・作業環境測定による環境管理状態の監視

② 作業管理

- ・時間制限等の作業形態の改善
- ・保護具の使用による人体侵入の抑制

③ 健康管理

- ・特殊健康診断による
  異常の早期発見と事後措置
- ・応急処置の準備

④ 労働衛生教育

⑤ 労働衛生管理体制

- ・作業主任者の選任とその職務遂行

２　化学物質使用職場の職場巡視

化学物質を使用する職場には、塗装作業をはじめとする有機溶剤を使用する職場や、その他にも特定化学物質を使用する職場があります。そのような職場では、表10のようなチェックリストを活用して、漏れなく確実に職場巡視や職場改善を進めていく必要があります。以下表11に、塗装作業で有機溶剤を使用している職場の職場巡視の様子を挙げます。

ア　作業の概要

今回、取り上げる化学物質を使用する職場は、工場のライン作業です。機械で自動的に運ばれてくるエンジンに、有機溶剤の含まれたスプレーで塗装する作業です。夜勤作業もあり、日勤と夜勤の交替制で従業員が働いています。

イ　巡視時の確認事項

製造ラインのため、職場巡視で確認する必要のある危険個所は作業姿勢や夏場の熱中症リスク等の化学物質以外にもありますが、今回は有機溶剤に絞って職場を確認していきます。産業保健の5管理の視点から見ると、表11の①～④が作業環境管理、⑤⑥が作業管理、⑦⑧が健康管理、⑨が労働衛生教育、⑩⑪が管理体制となります。

表11　化学物質使用職場の職場巡視確認事項

確認事項	確認事項に対する回答
① 有機溶剤の使用	・屋内のライン作業でスプレー缶を使用してエンジンに塗装をしている。1つのエンジンにかける作業時間は2〜3分程度であるが、実際に塗装作業をしているのは1〜1.5分程度であった（図9）。
② プッシュプル型換気装置	・作業者の背中側から作業者の正面の壁（フィルター）に向けて風が流れており、作業者が使用する有機溶剤が作業者にかからないようになっている（図10）。 ・フィルターも定期的に掃除をして点検している。
③ 表示	・有機溶剤使用職場であること、防毒マスク着用職場であることが標識により掲示されていた（図11）。
④ 作業環境測定	（事前に確認） 過去の作業環境測定結果を確認した。過去3回分の有機溶剤の作業環境測定結果は管理区分1を推移していた。 |	2022年2月	2021年8月	2021年2月
---	---	---	---
管理区分	1	1	1	
⑤ 作業方法	・作業場の横の棚にSDS（安全データシート）が保管されていた。また、スプレー缶にもSDSの内容の一部が記載されていた（図12）。
⑥ 保護具	・吸収缶は有機溶剤用の黒色のラベルのものを使用しており、1日1回交換されていた（図13-1）。 ・防毒マスクは、専用の保管場所で衛生的に管理されていた。また、防毒マスクの一部が破損していることもなく、ひもが伸びきっていることもなかった（図13-2）。 ・有機溶剤を使用する従業員は、適切な方法で防毒マスクを着用できていた（図13-3）。 ・保護めがねを着用していた。 ・手袋は布製の手袋を着用していた。
⑦ 健康診断	・半年以内ごとに有機溶剤の特殊健診を実施しており、産業医による就業判定を行っている。 ・有所見者に対しては産業医面談を実施したり、職場確認を行うことで有機溶剤による健康被害が出ないように注意している。
⑧ 緊急対応	・体調不良者が出た時は事業場内の診療所に連絡が来るようになっている。
⑨ 労働衛生教育	・有機溶剤を使用する職場につく時は、担当者が労働衛生教育を行っている。 ・その記録も残っていた。
⑩ 作業主任者	・有機溶剤作業主任者が任命され、分かりやすいように掲示されていた（図14）。 ・夜勤時にも有機溶剤作業主任者が不在にならないように、日勤帯と夜勤帯に1人ずつ作業主任者がいるようにしている。
⑪ リスクアセスメント	職場の●●職長（職長：その現場の最高責任者）が危険有害性と起こり得る可能性を考慮して、リスクを見積もり、優先順位をつけて対策を進めていた。

エンジン

スプレー缶

屋内のライン作業において、スプレー缶を用いたエンジン塗装作業を行っていた。

図9　有機溶剤の使用

作業者の背中側から壁面（フィルター）に向けて風が吹いており、作業者に有機溶剤がかからない。

図10　プッシュプル型換気装置の使用

図11　有機溶剤使用職場の表示

図12　作業方法の管理

吸収缶（有機溶剤用の黒ラベル）

図13-1 保護具（防毒マスク）

専用の保管庫

図13-2 防毒マスクの管理

保護めがね

防毒マスク

作業者は適切な方法で防毒マスクを着用できていた。

図13-3 防毒マスクの着用

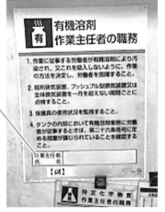

作業主任者の掲示

誰もが見やすい場所に掲示し、関係労働者に周知する必要がある。

図14 有機溶剤作業主任者の任命

ウ　巡視時の指摘事項

- 手袋は通常のゴム手袋を使用しており、有機溶剤耐性の化学防護手袋が使用されていなかった。職場の管理監督者に確認すると、「スプレーを手に吹きかけるわけではないので手に溶剤が付着することは、ほぼないからだ。」とのことだった。
- 今回の巡視時には防毒マスクの吸収缶は毎日交換されていた。もし今後、数日に一度の交換とする場合は、作業後は一度吸収缶を取り外して密閉袋に入れて管理するようにすること。吸収缶をそのまま放置していると、大気中の化学物質を吸収缶が吸着してしまい、知らないうちに十分な性能を発揮できなくなってしまう可能性がある。
- 労働衛生教育がどの程度の頻度で行われているのか確認することはできなかったが、もし有機溶剤の衛生教育が初めの一度だけであれば、危険性や対策を思い出すためにも数年に一度は労働衛生教育を実施することをお勧めする。

エ　事業場に提出する「産業医の巡視報告書」の記載内容

【良好事例】
- プッシュプル型換気装置が設置されており、フィルターの点検も定期的にされていました。
- 有機溶剤を使用している職場であることの掲示や、防毒マスク等の保護具を着用する必要があることの掲示が適切にされていました。
- 防毒マスクのひもが伸びていることもなく、顔とマスクがきっちりフィットしており、適切な使用がなされていました。また、吸収缶も適切な頻度で交換されていました。
- 有機溶剤の作業主任者が任免されており、きちんと掲示までされていました。また、夜勤でも作業主任者が不在にならないようにされていました。

【注意事項】
- 有機溶剤を使用する従業員の手袋が通常のゴム手袋でした。有機溶剤がその手袋に直接触れることはないとお聞きしましたが、作業を見る限り溶剤が手に付く可能性はあると考えます。作業員の自覚症状の訴えがあったり、手袋に塗装が付いていることがあれば、化学防護手袋の使用をご検討ください。

オ　留意点
①　換気装置

　塗装作業は大掛かりな設備を要したり作業場を移動することもあるため、費用をかけた対策は難しいことが多いです。密閉化、遠隔操作が難しい場合の工学的な対策である換気装置は局所排気装置、プッシュプル型換気装置、全体換気に大別されます（表12）。巡視者はこれらの換気装置の基本構造を理解し、巡視時に正常に稼働しているかチェックしましょう。

　非定常作業で使用する換気装置は、局所排気装置のポータブルファンが便利で有効ですが、管理が悪いと使用する時に使えない場合もあります。また、フレキシブルダクトは蛇腹状で形を変えやすく便利ですが破れやすく、破れると必要な排風量が維持できなくなります。定期的に点検しましょう（図15）。

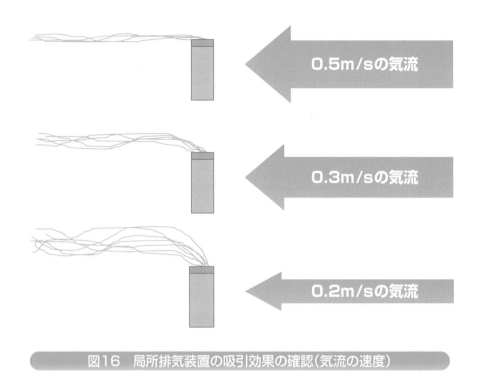

図16　局所排気装置の吸引効果の確認（気流の速度）

② 発煙法による局所排気装置等の吸引効果の確認

　局所排気装置等の効果の確認は煙の流れを観察する発煙法を用いるのが一般的です。発煙法はスモークテスターと呼ばれる気流検査器の煙を使い、煙が完全にフードに吸い込まれるなら吸気および排気の能力はあるものと判定します。スモークテスターの代用品には線香があり、安価でどこでも購入できるため便利です。ただし、引火性がある有害物質の場合には線香の煙を使用してはいけません。

　気流の速度によって煙の流れ方が変化するので、慣れるとおおよその気流速度を判断することができます（図16）。なお、スモークテスターの煙には微量の塩化水素が含まれていて刺激性がありますので、吸わないように注意してください。また、煙は粒子物質なのでクリーンルームや食品工場等では使用しないでください。

③ 呼吸用保護具

　呼吸用保護具は種類によって使用できる環境条件や対象物質、使用可能時間等が異なります。また、通常の作業用か火災・爆発等の事故時の救出用かなどの用途によっても異なるので、使用に際しては用途に適した正しい選択をしなければなりません。

　呼吸用保護具は大きく分けて、ろ過式（作業者周囲の有害物質をマスクのろ過材や吸収缶により除去し、ろ過された空気を呼吸に使用する。酸素濃度18％未満では使用不可）と給気式（ホースを通して離れた位置にある新鮮空気を呼吸に使用する、または空気もしくは酸素ボンベを作業者が背負ってボンベ内の空気を呼吸に使用する。酸素濃度18％未満でも使用可能）があります（図17）。

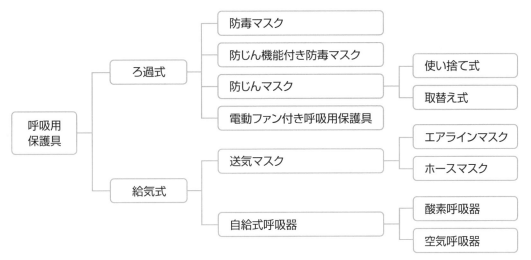

（厚生労働省「対策シート R100 呼吸用保護具の選び方と使い方」より引用）

図17　呼吸用保護具の種類

表13　防毒マスクの使用区分

種　　類	使用の範囲（ガスまたは蒸気の濃度）
隔離式防毒マスク	2％（アンモニアにあっては、3％）以下の大気中で使用するもの
直結式防毒マスク	1％（アンモニアにあっては、1.5％）以下の大気中で使用するもの
直結式小型防毒マスク	0.1％以下の大気中で使用する非緊急用のもの

（注1）酸素濃度が18％に満たない場所で使用することは認められない。この場合は、送気マスクを使用する。
（注2）使用の範囲を超える濃度の場所では使用しないこと。
（注3）顔面と面体の接顔部は十分気密が保たれるように装着すること。装着の際、吸収缶のふたを取り忘れないようにすること。
（注4）吸収缶の使用限度時間（破過時間）を超えて使用しないこと。

（「防毒マスクの規格」平成2年9月26日付け労働省告示第68号 . を基に作成）

④　防毒マスク

防毒マスクの中にも、その形状および使用の範囲により隔離式防毒マスク、直結式防毒マスク、直結式小型防毒マスクの3種類があります（表13）。さらに面体の形状により全面形、半面形に区分されます。

⑤　吸収缶

防毒マスクに装着する吸収缶はその種類により有効な適応ガスが定まっています。外部側面が色分けされることで、その種類が表示されています（表14、図13-1）。

吸収缶の除毒能力には限界があります。吸収剤に有毒ガスが捕集されていくと、ある時間から捕集しきれなくなり、有毒ガスは吸収剤で捕集されずに通過してしまいます。この状態を破過と

表14 防毒マスク吸収缶の種類と色

種類	吸収缶の色
有機ガス用	黒
一酸化炭素用	赤
ハロゲンガス用	灰／黒
アンモニア用	緑
亜硫酸ガス用	黄赤

呼びます。吸収缶の破過時間（吸収缶が破過状態になるまでの時間）は、おおよそ化学物質の濃度に反比例し、高濃度の場合には短時間で能力を失ってしまいます。破過時間を基に吸収缶の交換頻度を決める必要があります。

⑥ 作業環境測定結果の見方

　作業環境測定では、「A測定」と、「B測定」と呼ばれる測定を実施し、その測定結果より『管理区分』を決定し、作業環境が適切な状態に管理されているかを評価します。A測定は、単位作業場所の環境の平均的な状態を調べるため、単位作業場所の範囲の6ｍ以内の等間隔の格子点（5点以上）を全て測定します。B測定は、局所的、短時間に高濃度になる場合、作業者が呼吸し得る、最も濃度が高くなると考えられる点を測定します（図18）。

　A測定の幾何平均値から第1評価値、第2評価値を算出し、これら2つの評価値とB測定値を、管理濃度と比較します。例えば、いずれの値も管理濃度を下回れば第1管理区分とされ現状の維持が求められ、第1評価値、第2評価値が管理濃度を下回っていてもB測定の値が管理濃度の1.5倍を上回れば第3管理区分とされ作業環境の改善が必要となります（表15）。

　また、作業環境測定結果は特殊健康診断結果と関連して評価することで、作業場の適切な評価、管理ができるようになります。

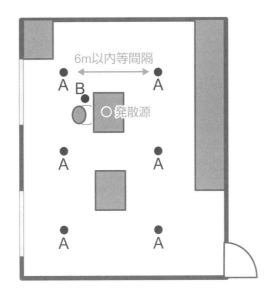

作業場そのものの環境中濃度を測定

（厚生労働省「現行の作業環境測定制度について」より転載）

図18　作業環境測定（いわゆる場の測定）のイメージ

表15　A測定およびB測定結果と管理区分

		A 測定		
		第1評価値＜管理濃度	第2評価値≦管理濃度≦第1評価値	第2評価値＞管理濃度
B測定	B 測定値＜管理濃度	第1管理区分	第2管理区分	第3管理区分
	管理濃度≦B測定値≦管理濃度 x1.5	第2管理区分	第2管理区分	第3管理区分
	B 測定値＞管理濃度 x1.5	第3管理区分	第3管理区分	第3管理区分

* 第1管理区分とは、当該単位作業場所のほとんど（95％以上）の場所で気中有害物質の濃度が管理濃度を超えない状態であり、作業環境管理が適切であると判断される状態です。
** 第2管理区分とは、当該単位作業場所の気中有害物質の濃度の平均が管理濃度を超えない状態ですが、第1管理区分に比べ、作業環境管理になお改善の余地があると判断される状態です。
*** 第3管理区分とは、当該単位作業場所の気中有害物質の濃度の平均が管理濃度を超える状態であり、作業環境管理が適切でないと判断される状態です。
# 第1評価値とは、単位作業場所において考え得るすべての測定点の作業場所における気中濃度の濃度の実現値のうち、高濃度側から5％に相当する濃度の推定値です。
第2評価値とは、単位作業場所における気中有害物質の平均濃度の推定値です。

　なお、令和6（2024）年4月1日からは、作業環境測定結果が第3管理区分の事業場に対する措置が強化されます。厚生労働省「労働安全衛生法の新たな化学物質規制 労働安全衛生法施行令の一部を改正する政令等の概要」では、以下（1）～（4）が示されています（図19）。

（1）　作業環境測定の評価結果が第3管理区分に区分された場合
　①　当該作業場所の作業環境の改善の可否と、改善できる場合の改善方策について、外部の作業環境管理専門家の意見を聴かなければなりません。
　②　①の結果、当該場所の作業環境の改善が可能な場合、必要な改善措置を講じ、その効果を確認するための濃度測定を行い、結果を評価しなければなりません。

（2）　（1）①で作業環境管理専門家が改善困難と判断した場合と（1）②の測定評価の結果が第3管理区分に区分された場合の義務
　①　個人サンプリング測定等による化学物質の濃度測定を行い、その結果に応じて労働者に有効な呼吸用保護具を使用させること。
　②　①の呼吸用保護具が適切に装着されていることを確認すること。
　③　保護具着用管理責任者を選任し、（2）と（3）の管理、特定化学物質作業主任者等の職務に対する指導（いずれも呼吸用保護具に関する事項に限る）等を担当させること。
　④　（1）①の作業環境管理専門家の意見の概要と、（1）②の措置と評価の結果を労働者に周知すること。
　⑤　上記措置を講じたときは、遅滞なくこの措置の内容を所轄労働基準監督署に届け出ること。

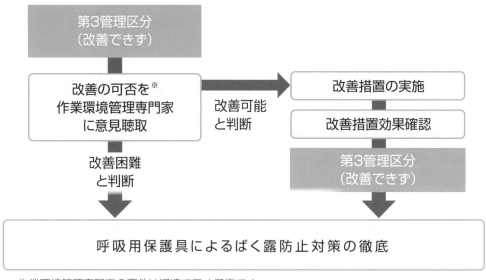

※ 作業環境管理専門家の要件は通達で示す予定です。

（厚生労働省「労働安全衛生法の新たな化学物質規制 労働安全衛生法施行令の一部を改正する政令等の概要」より引用）

図19　作業環境測定の評価結果が第3管理区分に区分された場合の義務

（3）（2）の場所の評価結果が改善するまでの間の義務

① 6カ月以内ごとに1回、定期に、個人サンプリング測定等による化学物質の濃度測定を行い、その結果に応じて労働者に有効な呼吸用保護具を使用させること。

② 1年以内ごとに1回、定期に、呼吸用保護具が適切に装着されていることを確認すること。

（4）その他

① 作業環境測定の結果、第3管理区分に区分され、上記（1）（2）の措置を講ずるまでの間の応急的な呼吸用保護具についても、有効な呼吸用保護具を使用させること。

② （2）①と（3）①で実施した個人サンプリング測定等による測定結果、測定結果の評価結果を保存すること（粉じんは7年間、クロム酸等は30年間）。

③ （2）②と（3）②で実施した呼吸用保護具の装着確認結果を3年間保存すること。

⑦ 検知管

検知管とは、内径が一定の細いガラス管に検知剤を充填（じゅうてん）し、ガラス管の両端を溶封したものです。使用する直前にガラス管の両端を切って、検知管内に試料ガスを通気すると、検知剤と試料ガス中のある特定ガスとの化学反応によって検知剤が変色します。そのとき現れる変色は、通気量を一定にするとガス濃度に応じた長さとなり、再現性がよいです[1]。したがって、あらかじめ検知管に濃度目盛を印刷することにより、簡単にガス濃度が測定できます（図20）。

なお、気圧、温度、共存ガスなどの測定条件（外部要因）により誤差を生じる可能性があるため、検知管に付属している説明書を確認の上、記載内容に沿って測定結果を補正する必要があり

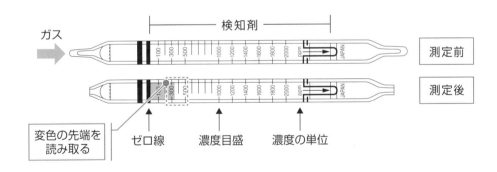

（厚生労働省「検知管を用いた化学物質のリスクアセスメントガイドブック」
参考：光明理化学工業株式会社 Web サイトより引用）

図20　検知管の構造

ます。

　検知管を用いた測定には、検知管本体以外に試料空気を吸引するための採取器（真空法ガス採取器）が必要です。また、共存ガスや水分の影響を最小限に抑えることを目的に、場合によっては前処理管を検知管の前に取り付けて測定することもあります。採取器は、それぞれの検知管の特性に合うように設計されているので、検知管と採取器の組合せは必ず同じメーカーのものを用いてください。

　検知管法には次のような特長があります。

> 【検知管の特長】
> ① 化学分析器具・試薬などを必要としないので測定の準備がいらず、いつでもすぐに測定ができます。
> ② 軽量で携帯に便利であり、わずかな試薬ガスで微量ガス濃度を定量でき、現場での測定に適しています。
> ③ 測定操作が非常に簡単で誰にでも測定でき、測定結果に個人差がありません。
> ④ 測定結果は数分で得られ、結果に基づく対応が速やかに行えます。
> ⑤ 電源や熱源などを必要とせず、引火爆発性のガスが存在しても安全に測定できます。
> ⑥ ガスの種類および測定範囲に応じて種々の型式があり、それらを選択することにより、0.01ppmの微量なものから高濃度の50%までの幅広い濃度の測定ができます。

　さらに、厚生労働省から「検知管を用いた化学物質のリスクアセスメントガイドブック」が公表されており、ばく露限界値が示されている化学物質のリスクアセスメントの重要な手法になっています。

⑧　個人ばく露濃度測定

　個人ばく露濃度測定は、労働者が1日8時間、週40時間程度、有害物質にばく露される場合に、当該有害物質の空気中濃度がこの数値以下であれば、ほとんど全ての労働者に健康上の悪い影響が見られないと判断される濃度（公益社団法人日本産業衛生学会の許容濃度、ACGIH〈米国産業衛生専門家会議〉のTLV等）を指標とした、個々の労働者のばく露状況の把握を目的としたものです。通常はローボリュームサンプラーを使用して、粉じんならろ紙で、ガス状ならシリカゲルか活性炭で吸着させます。

　※ 令和2（2020）年1月に作業環境測定法施行規則等の改正があり、作業環境測定の手法に「個人サンプリング法」という新しい手法が追加されました。「個人サンプリング法による作業環境測定」と「個人ばく露測定」は非常に似ていますが、測定目的や評価基準値が異なるため同じものではありません。

Column 4
SDS と GHS

　「化学品の分類および表示に関する世界調和システム」（The Globally Harmonized System of Classification and Labelling of Chemicals：GHS）は平成15（2003）年7月に国連勧告として採択されたものです。GHSは化学品の危険有害性を世界的に統一された一定の基準に従って分類し、絵表示等を用いて分かりやすく表示し、その結果をラベルやSDS（Safety Data Sheet：安全データシート）に反映させ、災害防止および人の健康や環境の保護に役立てようとするものです。

　SDSは、化学物質および化学物質を含む混合物を譲渡または提供する際、その化学物質の物理化学的性質や危険性・有害性および取扱いに関する情報を化学物質等を譲渡または提供する相手方に提供するための文書です。SDSに記載する情報には、化学製品中に含まれる化学物質の名称や物理化学的性質のほか、危険性、有害性、ばく露した際の応急措置、取扱い方法、保管方法、廃棄方法などが記載されます。

　2023年（令和5年）4月1日からSDSの通知事項である「人体に及ぼす作用」を、定期的に確認し、変更があるときは更新しなければなりません。更新した場合は、SDS通知先に変更内容を通知することとします。また、2024年（令和6年）4月1日からSDSの通知事項に新たに「（譲渡提供時に）想定される用途及び当該用途における使用上の注意」が追加されます（図）。

（加部　勇）

分類	以下の危険有害性（ハザード）の分類基準 ● 物理化学的危険性　　（爆発物、可燃性等　17項目） ● 健康に対する有害性　　（急性毒性、眼刺激性、発がん性等　10項目） ● 環境に対する有害性　　（水生環境有害性等　2項目）

情報伝達	ラベル	SDS（安全データシート）
	ラベルにより、化学品の危険有害性情報や適切な取扱い方法を伝達	事業者間の取引時にSDSを提供し、化学品の危険有害性や適切な取扱い方法等を伝達

（経済産業省・厚生労働省「化学品を取り扱う事業者の方へ― GHS対応―化管法・安衛法・毒劇法におけるラベル表示・SDS提供制度」より転載）

図　GHSの概要

⑨ 化学物質の自律的管理

　令和4（2022）年2月に労働安全衛生法施行令改正が公布され、化学物質の管理方法が変わりました。今までの法令に化学物質の管理方法が明記されて、それに準じて化学物質の管理をすればよかった「法令準拠型」から、法令は原則のみで事業者が合理的に実現可能な限りの対策を講じて化学物質を管理する「自律的管理」になりました。

　簡単に説明すると、化学物質を使用する各作業においてどのような危険（ハザード）があるかを同定し、次にその危険が起こり得る可能性を考慮してリスクを見積もります。そして、リスクの高いものから優先順位をつけて対策を講じていくというものです。

（中山　雅史、加部　勇）

Column 5
コントロール・バンディングとCREATE-SIMPLE [2)]

【コントロール・バンディング】

　コントロール・バンディングとは評価項目をいくつかのバンド（区分）に分け、簡単なマトリクスを用いてリスク評価を行う手法の総称で、ILO（国際労働機関）が開発途上国の中小企業を対象に、有害性のある化学物質から労働者の健康を保護するために開発した管理手法です。

　対象となる化学物質のGHS区分情報から設定した有害性の程度（有害性レベル）と、化学物質の物理的形態（液体／粉体）、取扱量（液体の場合、kL〈多量〉／L〈中量〉／mL〈少量〉から選択）、沸点・取扱い温度（揮発性などを決定）から推定した作業者のばく露濃度を比較し、リスクの程度を4段階にランク分けする（リスクを見積もる）ものです。このリスクランクに応じて、一般的な対策（リスク低減措置）がシートとして示されます。

【CREATE-SIMPLE】

　一方、CREATE-SIMPLEは、有害性の程度として、ばく露限界値を採用しており、さらに作業者のばく露濃度は、物理的特性や取扱量だけではなく、含有率や換気状況、作業頻度なども考慮して推定されます。そのため、厚生労働省版コントロール・バンディングよりも精緻なリスクの見積もりが可能となっています。コントロール・バンディングと比較すると、主に以下の3点の違いがあります（吸入ばく露）。（1）有害性の指標として、ばく露限界値を用いていること。（2）取扱い量が少量（mL）の区分をさらに3段階に細分化していること。（3）作業条件等（含有率、換気、作業時間等）の効果を考慮していること。

　なお、両者とも有害性のみを対象としたツールであり、危険性に関するリスクを見積もることはできないことに注意してください。

　詳細は以下のサイトに紹介されていますので、ご参照ください。

（加部　勇）

厚生労働省：職場のあんぜんサイト
化学物質のリスクアセスメント実施支援「厚生労働省版コントロール・バンディング」
https://anzeninfo.mhlw.go.jp/user/anzen/kag/ankgc07_1.htm

粉じん職場の職場巡視

1 基本事項とチェックリスト（表16）

　粉じんには鉱物の粉砕や金属の研磨等により発生するもの、溶接作業で発生する金属ヒューム、動植物の繊維や花粉等があります。これらの粉じんを吸入することで、以下①〜③のような健康障害を引き起こします。

① 鉱物や金属の粉じんを吸入すると「じん肺（肺組織の繊維化）」になります。症状が進むと体内に酸素を取り込めずに呼吸困難となり、日常生活にも支障を来します。また、結核や肺がんなどを合併することもあります。

② 鉛などの金属を吸入するとその金属の中毒症状（鉛の場合は貧血等）が認められ、石綿やクロム酸などの発がん物質を吸入すると肺がんなどになるリスクが上がります。また、金属ヒュームを吸入すると金属熱（アレルギー反応の一種）が認められます。

③ 動植物などの有機物の粉じんを吸入すると、気管支喘息、肺胞過敏症、花粉症などの呼吸器疾患になります。

　昭和55（1980）年は6,842人だったじん肺新規有所見労働者数は、その後大幅に減少し令和2（2020）年には124人と対策の成果はあがっており、最近は100人前後を推移しています。「化学物質」と同様、粉じん作業の健康障害防止対策の基本は労働衛生3管理（作業環境管理、作業管理、健康管理）、労働衛生教育および管理体制です。また、じん肺の合併症に「肺がん」があるので積極的な禁煙の働きかけが重要です。

2 粉じん職場の職場巡視

　粉じん作業には溶接作業、研磨作業、粉末の原料使用等さまざまな作業があり、表16のようなチェックリストを活用して職場巡視や職場改善をしていく必要があります。以下、表17に実際の粉じん職場の職場巡視の様子を挙げ、確認していきます。

ア　作業の概要

　紹介する粉じん職場は、鉄管を製造するための鋳造（鉄を1,200℃以上まで加熱して溶かし、型に流し込むことで製品を造る）工程です。鋳造工程では同じ時間に働いている従業員は5人程度、交替制勤務で24時間稼働させています。

イ　巡視時の確認事項

　鋳造作業は暑熱作業にも当たりますが、今回は粉じん作業にポイントを絞って職場巡視を行いました。産業保健の5管理の視点から見ると、①〜⑤が作業環境管理、⑥が作業管理、⑦が健康管理、⑧が労働衛生教育、⑨⑩が管理体制となります。

表16　粉じん職場の職場巡視チェックリスト

管 理		チェックポイント
作業環境管理	設備	粉じんの使用禁止、有害性の低い物質への変更、密閉化を検討したか。
		局所排気装置、プッシュプル型換気装置、全体換気装置、除じん装置は設置されているか。
		密閉装置、局所排気装置、プッシュプル型換気装置、全体換気装置、除じん装置の制御風速は法令の規定に適応しているか。
		局所排気装置、プッシュプル型換気装置のフード、ダクト、ファン、排気口、性能を1年以内ごとに1回定期自主点検をしているか。その記録を3年間保存しているか。
		作業環境測定結果に基づく措置はとられているか。
	作業環境測定	6カ月以内ごとに1回、定期的に作業環境測定を行っているか。
		測定記録は法令で定められた期間保存されているか。 ※ 粉じん：7年、石綿：40年、特定化学物質：3年（特別管理物質は30年）
		作業環境測定結果の記録は作業者が閲覧できるか。
作業管理	作業	粉じんが発散しない作業方法をとっているか。 ※ 材料が粉末で粉じんが生じているなら、材料のペレット化は検討したか。
		粉じんを著しく発散する作業場は注水等による粉じん発散防止措置を講じているか。
		作業場を毎日1回以上清掃しているか。堆積粉じん除去のため、毎月1回以上大掃除をしているか。
	保護具	酸素濃度や粉じん濃度を考慮した適切な呼吸用保護具（防じんマスク、PAPR〈電動ファン付き呼吸用保護具〉、送気マスク等）、保護衣、保護めがねを着用しているか。
		呼吸用保護具の着用方法は適切か。
		呼吸用保護具は衛生的に管理されているか。
		防じんマスクやPAPRの防じんフィルターは適切な期間で交換されているか。
		フィットチェック、フィットテストは実施しているか。
健康管理	健康診断	一定期間以内ごとに、定期的にじん肺健診を実施しているか。
		粉じん作業に新たに従事する時、離職時、定期外でじん肺健診を実施しているか。
		健診結果は、法令で定められた期間保存されているか。 じん肺：7年、石綿：40年、特定化学物質：5年（特別管理物質は30年）
		じん肺健診の結果、有所見者のエックス線写真等を都道府県労働局長に提出しているか。
教育	労働衛生	雇い入れ時や作業内容の変更時等の粉じん職場につく時に、作業者に規定の労働衛生教育をしているか。
		労働者に禁煙教育をしているか。
管理体制	選任	「保護具着用管理責任者」を選任し、呼吸用保護具の適正な選択や使用状況の管理等を行っているか。
		特定化学物質や石綿の使用時には作業主任者を選任して、その職務を遂行しているか。
		局所排気装置等を定期的に点検する人を決めているか。
		必要に応じて粉じん職場の改善を進める担当者が決まっているか。

表17　粉じん職場の職場巡視確認事項

確認事項	確認事項に対する回答
① 作業場の粉じん	・製品にもよるが 10 ～ 20 分に一度程度の頻度で溶けた鉄を型に流し込み製造している。溶けた鉄からは金属の粉じんが発生している（お湯から湯気が出るように、溶けた鉄から金属粉じんが出る）。
② 粉じん対策としての取組	・鉄を流し込む作業は以前は手動であったが、作業環境改善により自動化されたため、粉じんのばく露は減少している。 ・局所排気装置を設置している。 ・局所排気装置の定期点検は毎年実施されており、その記録も残されていた。
③ 作業環境測定	（事前に確認） 過去の作業環境測定結果を確認した。第2～第3管理区分を推移している。 {{TABLE_INNER}}
④ 表示	・粉じん職場の掲示や、保護具着用職場の掲示はできていた（図21）。
⑤ 粉じんばく露のある業務の内容	・溶けた鉄を流し込む作業は一部機械化されているが、鉄の成分を調査する時や表面の不純物を除去する時に、従業員は溶けた鉄に近づくため、粉じんを吸入するリスクにさらされている（図22）。
⑥ 保護具	・不織布マスクではなく、国家検定合格品の防じんマスクを着用している（図23-1）。 ・防じんマスクの管理に関しては、個人管理ではなく、まとめて適切な保管場所に保管している（図23-2）。 ・防じんマスク自体のゴムが伸びて、ヨレヨレになっているものはなかった（防じんマスク本体も定期的に交換できている）。 ・防じんマスクの顔に接する内面が衛生的に管理されている。 ・防じんマスクのフィルターは数日に1回交換しており、フィルターが適切な頻度で交換されている（フィルターを交換すれば台帳に記載あり）。ただし、交換頻度に関しては本人任せになっている。 ・難燃タオルの上から防じんマスクを着用している（図23-3）。 ・作業前の防じんマスクのシールチェックの実施は不明。
⑦ 健康診断	（事前に確認） ・職場でじん肺作業に従事する従業員のじん肺健診の結果は、全員「管理1」となっており、じん肺健診は3年に一度の頻度で実施すればよい状況であった。 ・健診結果は定められた期間、保管されていた。
⑧ 粉じん作業の安全衛生教育	・粉じん職場につくことになれば、衛生教育を実施している。 ※ 粉じん障害防止規則第22条第1項、粉じん作業特別教育規定（昭和54年7月23日付け労働省告示第68号）では4.5時間の特別教育が規定されている。
⑨ 保護具着用管理責任者	●●さん（防じんマスク保管箱に記載あり） ・防じんマスクが適切に着用されているか等の管理を行えているかは不明。
⑩ 粉じん職場改善の担当者	▲▲さん

表17③の内部表：

	2022 年2月	2021 年8月	2021 年2月
管理区分	3	2	3

図21　粉じん職場の表示

作業場の入り口には保護具着用職場であることが
掲示されていた。

溶けた鉄を鋳型に流し込む作業

図22　粉じんばく露業務の内容

JIS規格に
適合したもの

個人管理ではなく
保管庫で管理

図23-1　保護具（防じんマスク）

図23-2　防じんマスクの管理

難燃タオル

火傷防止のため、難燃タ
オルの上から防じんマ
スクを着用していた。
顔とマスクの間に隙間
が生じるおそれがある。

図23-3　防じんマスクの着用

ウ　巡視時の指摘事項

・防じんマスクが適切に着用できているかを確認するシールチェックは毎回、作業前に実施しているか不明だった。防じんマスクを着用していても、適切に着用できていなければ粉じんを吸入してしまうので、防じんマスクの着用時ごとにシールチェックをする必要がある。
・顔にタオルを巻いた上から防じんマスクを着用しているので、顔とマスクの間に隙間が生じてしまう。作業をしていると、火傷（やけど）リスクがありその対策としてタオルを巻いていると思われるため、火傷リスクと粉じん対策を両立する対策を検討する必要がある。

エ　事業場に提出する「産業医の巡視報告書」の記載内容

【指摘事項】
特にありませんでした。

※　細かく見ると指摘事項はあるが、今回は大きな指摘事項は見当たらなかったので指摘事項は挙げていない。ただ、何度か同じ職場を巡視して毎回大きな指摘事項がないようであれば、細かい指摘事項も時々伝えていくと職場との良好な関係を築ける。

オ　留意点
①　防じんマスクの正しい着用

　防じんマスクは適切に着用して初めて効果が期待できます。詳細は、「防じんマスクの選択、使用等について」（平成17年2月7日付け基発0207006号）を参考にしてください。

　防じんマスクを適切に着用できているかを確認する方法に「シールチェック」や「フィットテスト」があります。

　シールチェックは、日々の粉じん作業開始前に防じんマスクが適切に着用できているかを自己で確認する簡易な方法です。防じんマスクの吸気口を手で押さえた状態で息を吸い、防じんマスクが顔に吸い付くかを確認します。息を吸ったときに顔に防じんマスクが吸い付けば適切に着用できており、隙間がない状態を表しています。

　フィットテストは測定装置で客観的に防じんマスクと顔の装着度を確認する方法です。法令改正で金属アーク溶接作業をする従業員は令和5（2023）年4月1日から毎年一度はフィットテストを実施することが義務化されました。

　夏場にはマスク内が蒸れる、息苦しくなる等の理由で防じんマスクを適切に着用できない従業員が増えます。「防じんマスクを適切に着用するように！」と教育するだけでなく、なぜ適切に着用できないかまで考慮するといいでしょう。労働者に努力や無理を強いるのではなく、作業場全体の温度を下げたり、スポットクーラーで作業者エリアの温度を下げるなどの配慮が必要になります。

② 屋外作業者の作業環境測定

　作業環境測定は原則として、屋内作業場について行われています。屋外作業場等については「屋外作業場等における作業環境管理に関するガイドラインについて」（平成26年9月30日付け基発0930第3号、一部改正令和2年2月7日付け基発0207第2号）で個人サンプラーを用いて作業環境の測定を行い、その結果を管理濃度の値を用いて評価することとしています。有害な業務を行う屋外作業者では、積極的に実施することが望ましいでしょう。

（中山　雅史）

Column 6

ヒヤリハット報告活動

　仕事をしていると、もう少しでけがをするところだったということがあります。ヒヤリハット報告活動は、こうしたヒヤッとしたり、ハッとした危険情報を取り上げ、災害防止に活用する安全衛生活動です。ヒヤリハット報告は貴重な危険情報を共有し解決を図ることが目的であり、当事者の責任を追及するためではないので、労働者を責めないという取り決めをして実行することが重要です。たとえ作業手順書通りに作業が行われなかったことが原因だとしても、ひょっとしたら順守が困難な手順書であったのかもしれません。手順書を見直すよい機会となる可能性があります。せっかく潜在的な事象が顕在化した貴重な事例と捉え、どんどん出し合うことが大切です。

　その他、安全衛生活動に関わる用語は数多く存在します。分からない用語等が出た場合は、会社の方に尋ねたり、以下のサイトを参考にするとよいでしょう。

厚生労働省：職場のあんぜんサイト
「安全衛生キーワード」
https://anzeninfo.mhlw.go.jp/yougo/yougo_index04.html

（神出　学）

暑熱職場の職場巡視

1 基本事項とチェックリスト

暑熱（高温）環境による健康障害には熱中症、熱傷、循環器疾患や腎疾患等の増悪があります。また、判断力の低下、作業のミス、労働災害の発生、生産効率や業務パフォーマンス低下にもつながります。

中でも熱中症は、高温多湿な環境で発汗することにより体内の水分および塩分のバランスが崩れたり体温が上昇することで脳機能などに障害を来す疾患です。一般社団法人日本救急医学会は重症度に応じて以下のように分類しています（表 18）。従来の「熱射病」はⅢ度に相当し、多臓器不全から脳の後遺障害が残ったり死亡する可能性があります。

平成 30（2018）年以降、職場での熱中症（死亡・休業 4 日以上）は毎年 1,000 件前後報告されており、うち約 20 人が死亡しています。特に建設業と製造業でその 4 割を占めるため、これらの職種では熱中症対策を進める必要があります。

熱中症の発生事例をみると、高温環境下の作業の危険性について認識のないまま作業が行われることで熱中症対策が不十分となり熱中症を発生させています。具体的には、適切な休憩時間がとられていない、水分・塩分の補給が適時行われていない、作業者の健康状態が把握されていない等です。

また、糖尿病や高血圧症は一般に熱中症の発症リスクを高めるため、それらを踏まえた健康管理の徹底を図る必要があります。職場における熱中症予防対策として「職場における熱中症の予防について」（平成 21 年 6 月 19 日付け基発第 0619001 号）が出されていますので確認しましょう。概要としては、WBGT[※]（Wet-Bulb Globe Temperature：湿球黒球温度。単位：℃。「暑さ指数」とも言われている）の値を活用することで職場の暑熱の状況を把握し、必要な作業環境管理、作業管理、健康管理等を行うことが記載されています。

【※ WBGT】
　屋内、屋外で太陽照射なし：WBGT＝0.7×自然湿球温度＋0.3×黒球温度
　屋外で太陽照射あり　　　：WBGT＝0.7×自然湿球温度＋0.2×黒球温度＋0.1×乾球温度

上記のことを踏まえ、職場巡視の際はチェックリスト（表 19）を活用しましょう。

表18　日本救急医学会熱中症分類2015

重症度	症状	対処法	救急搬送の判断
Ⅰ度（熱失神、熱けいれん）	めまい 大量の汗 筋肉痛 こむら返り	冷所で安静 体表冷却（とくにくびすじと大腿） 水分と塩分補給	見守りは必須 症状が改善しない場合はすぐに医療機関へ
Ⅱ度（熱疲労）	頭痛 嘔吐 倦怠感 集中力・判断力低下	医療機関での診療と治療	直ぐに医療機関へ
Ⅲ度（熱射病）	意識障害 けいれん発作	入院	直ぐに医療機関へ

（一般社団法人日本救急医学会「熱中症診療ガイドライン2015」より引用）

Column 7
暑熱のプレクーリング

　プレクーリングとは、作業開始前にあらかじめ体温、特に核心部の温度である深部体温を冷やしておくことです。熱中症は、高温多湿な環境や活動等によって体温が上昇し、その熱を放散できずに生じるさまざまな症状の総称であり、特に深部体温の上昇が大きな要因と考えられています。また、この深部体温の上昇は、労働パフォーマンスの低下にも影響する可能性が指摘されています。近年、暑熱環境下においてプレクーリングを行うことで、深部体温の上昇抑制や発汗量抑制、脱水予防、身体活動の継続時間延長等に効果があることが分かってきました[3]。

　プレクーリングの方法には、体表面を冷却する方法と、体内から冷却する方法とがあります。体表面を冷却する方法としては、氷で冷やしたタオルを巻く、アイスベストを着用する、手や足を冷水で冷やす等が考えられます。体内から冷却する方法としては、冷たい水分を補給することが挙げられ、最近ではプレクーリングに効果的な飲料水も販売されています。また、1つのみの方法を採用するより、複数の方法を組み合わせて行う方がより効果的とされています。熱中症発症予防策として、スポーツドリンクや塩あめ等を用意している職場は多いと思います。それらに加えて、作業開始前や休憩時間中のプレクーリングも熱中症発症予防策として検討しましょう。

（神出　学）

表19　暑熱職場の職場巡視チェックリスト

管　理		チェックポイント
作業環境管理	設　備	適度な送風や冷房を行う設備（扇風機やスポットクーラー等）を設けているか。
		作業場所の近くに冷房を備えた休憩所や、日陰などの涼しい休憩所を設けているか。
		屋外で直射日光や照り返しを遮る簡単な屋根を設けているか。
		発熱体があれば、発熱体と労働者の間に熱を遮る遮蔽物を設けているか。
	WBGT値	WBGT値を測定し、評価しているか。
		WBGT値を低減する対策を講じているか。
作業管理	作業や休憩	休憩時間を増やし、連続作業時間の短縮を図っているか。
		できる限り、身体作業強度の高い作業は避けているか。
		計画的に暑さへの順化期間を設けているか。
		水分と塩分の定期的な摂取を指導し、摂取を確認しているか。
	作業服	通気性の高い服装か。
		必要に応じて、送風ファン付きウエア（バッテリーによりファンを回して服の内部に送風する機能が付いた作業服）や、冷却ベスト（ドライアイスや氷嚢を入れられる作業服）などを利用しているか。
健康管理	健康診断	熱中症発症に影響を与える疾患（糖尿病、高血圧、心疾患、腎不全等）や検査結果に基づき、熱中症になるリスクの高い作業の可否や就業場所の変更、作業の変更等の適切な措置を講じているか。
	日々の健康状態の管理	就業前に体調確認を行っているか。
		必要に応じて、朝食を摂っているかを確認しているか。
		必要に応じて、前日の睡眠不足の有無や大量飲酒の有無を確認しているか。
	救急措置	管理監督者は緊急時の救急措置の手順を理解しており、実践できるか。
		職場で熱中症疑いの従業員が認められた時の、事業所内の連絡先や近隣の医療機関の連絡先は周知されているか。
労働衛生教育		高温多湿作業場所に従事させる場合、 ①熱中症の症状 ②熱中症の予防方法 ③緊急時の処置方法 ④熱中症の事例 について労働衛生教育を実施しているか。
体制管理	選任	熱中症予防管理者（熱中症対策の担当者）を決めているか。
	巡視	従業員の健康状態の確認、水分や塩分の摂取が実施できているかを確認しているか。

② 暑熱職場の職場巡視

暑熱職場は屋外の建設現場、空調設備の整っていない屋内の製造ライン、溶けた鉄等の熱源がある職場等、さまざまですが、表19のようなチェックリストを活用して職場巡視や職場改善をしていく必要があります。以下に実際の暑熱職場の職場巡視の様子を挙げますので、一緒に確認していきましょう。

ア　作業の概要

今回紹介する暑熱職場は、リフトにより物品を一時的に保管したり、必要な職場に物品を移動させている職場です。従業員は20人程度で、日勤と夜勤の2交替制です。とある8月の晴れた日の気温や湿度、WBGTの時間経過を図24に示します。

イ　巡視時の確認事項

事業場の中でWBGT値が高く熱中症のリスクが高い職場として認識されているため、熱中症対策にポイントを絞って職場巡視を行いました。産業保健の5管理の視点から見ると、表20の①～④が作業環境管理、⑤が作業管理、⑥～⑧が健康管理、⑨が労働衛生教育、⑩が管理体制となります。

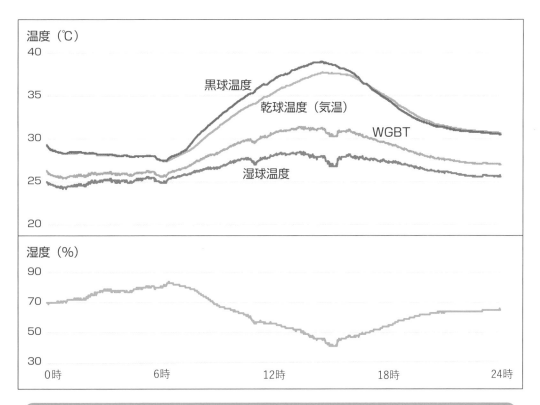

図24　暑熱職場の8月の晴れた日の気温や湿度、WBGTの時間経過事例

表20 暑熱職場巡視時の確認事項

確認事項	確認事項に対する回答
① 作業場の暑熱環境	・屋外でもなく、明らかな熱源もないが、リフトで物品を移動させるため建物の出入口（大きなシャッター）が常時開いた状態となり空調が効きづらく、太陽の西日が入るため夏場の午後になると熱中症のリスクが高まるほど気温が上昇する（図25）。
② 設備面での熱中症対策	・多くの従業員は業務のために移動するが、一部の従業員は定位置が決まっている。それらの従業員に対しては、水冷式の小型クーラーを設置している（スポットクーラーはフロンを使用しており廃棄が大変で、電圧も200Vのため電源確保が難しい。一方で水冷式の小型クーラーは機能は落ちるがフロンを使用しておらず、電圧も一般的な100Vで電源確保がしやすい）（図26-1）。 ・職場の天井には大型のクーラーを設置している（図26-2）。 ・シーリングファン（天井に設置された直径10mほどの巨大な扇風機）を職場の天井に設置し、空気の流れを作っている（図26-3）。 ・休憩所にはクーラーが設置され、休憩時間に体を涼ませることができる。
③ WBGT測定	・作業環境測定としてのWBGT測定はしていない。 ・職場に設置されている環境管理温湿度計で、熱中症リスクを見積もっている（図27）。
④ 普段の業務で実施している熱中症対策	・夏場には普段の休憩時間に加えて、追加の休憩時間が設けられている。 ・職場や休憩所には塩あめがあり（図28）、従業員にペットボトルの飲料水も支給して、意識して水分と塩分摂取をするように指導している。
⑤ 作業服	・職場で送風ファン付きウエアや首を冷やして熱中症を予防する商品を購入して、熱中症対策を進めている（図29）。
⑥ 健康診断	・一般的な産業医業務としての就業判定は実施しているが、熱中症対策として特別な基準を設けた熱中症対策は行っていない。 ・従業員から相談があれば、個別対応は実施している。
⑦ 日々の健康状態の確認	・普段から、夏場は職場のリーダーが朝礼時に体調確認をしている。 ・普段から、夏場は職場のリーダーが朝礼時に朝食を食べたか、睡眠不足がないかを確認して、従業員に朝食と睡眠を十分とるように指導している。
⑧ 緊急時の対応	・事業場には診療所があり保健師と産業医が常駐しているので、熱中症疑いの場合は診療所と人事に連絡をして指示を仰ぐことになっている。
⑨ 労働衛生教育	・熱中症の症状、熱中症の予防方法、緊急時の処置方法、熱中症の発生状況等は産業保健スタッフや安全の担当者が情報提供を行っており、安全衛生委員会でも話題に挙げている。
⑩ 熱中症対策の担当者	●●さん

シャッターが常に開いた状態で空調が効きづらい上、西日が入る環境のため、気温上昇のリスクがある。

図25　作業場の暑熱環境

水冷式小型クーラー

天井の大型クーラー

図26-1　熱中症対策
（小型クーラー）

各作業員用の水冷式の小型クーラーは100Vで電源確保しやすい。

図26-2　熱中症対策
（大型クーラー）

職場全体の暑熱対策として天井に大型クーラーを設置。

シーリングファン

直径約10mのシーリングファンで職場全体の空気の流れを作っていた。

図26-3　作業場の暑熱対策
（シーリングファン）

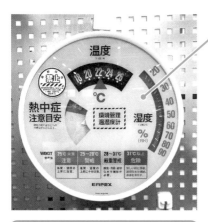

環境管理温湿度計

図27　WBGT測定

環境管理温湿度計で熱中症リスクを見積もっていた。

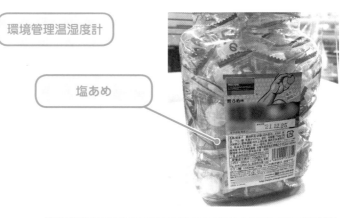

塩あめ

図28　普段の業務で実施している熱中症対策

塩分補給対策として塩あめを提供していた。

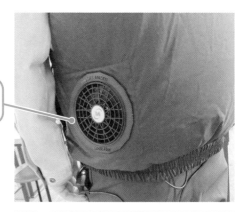

送風ファン付きウエア

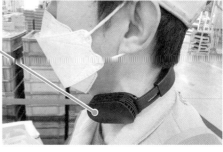

ネッククーラー

図29　作業服の熱中症対策

写真左、右上：送風ファン付きウエアの採用。送風ファンが作業着内に空気を送り込む。
写真右下　　：冷やされた金属プレートを首にあて体を冷やすネッククーラー。

ウ　巡視時の指摘事項

特になし。

エ　事業場に提出する「産業医の巡視報告書」の記載内容

【良好事例】

・職場に環境管理温度計（WBGTの簡易測定器）が設置されており、熱中症のリスクを「見える化」できていました。

・シーリングファンや水冷式の小型クーラーを設置して、ハード面での熱中症対策が進められていました。

・送風ファン付きウエアやネッククーラーも職場で準備してくださっていました。

・従業員の朝の体調確認等を行っていました。

・職場の机には誰でもとれるように塩あめが置かれており、飲料水も配布していました。

※ 熱中症対策はセルフケア（本人が自分の体調を整える）とラインケア（従業員の体温を下げる工夫や水分・塩分摂取を勧める）の両輪によって支えられています。どちらか片方だけでは十分な熱中症対策の効果は見込めません。●●職場ではこの両輪が適切に機能するような熱中症対策が進められていました。

【指摘事項】

特にありませんでした。

オ　留意点

①　リスクアセスメント

中央労働災害防止協会が「熱中症予防対策のためのリスクアセスメントマニュアル」を作成しており、以下のホームページから無料でダウンロードできます。

中央労働災害防止協会：熱中症予防対策のためのリスクアセスメントマニュアル（製造業向け）
https://www.jisha.or.jp/research/report/201503_02.html

②　見落としがちな暑熱職場

熱中症になりやすい職場と言うと、「職場が暑い」というイメージがあると思います。しかし、それほど気温は高くなくても熱中症のリスクが高い職場があります。それは「湿度が高い職場」や「風を通さない服を着る職場」です。例えば、食品加工業が当てはまります。湿度が高いと汗をかいても蒸発しないため気化熱による体温低下が見込めず、どんどん体温が上昇してしまいます。また、風を通さない服を着ることも同様の理由で、熱中症のリスクを上昇させます。

③　耐熱服や防火服と熱中症

今回の職場とは異なりますが、金属溶解炉前の作業や溶接作業、または消火活動時のような高温環境下での作業では常に火傷等の危険を伴います。そのため、これらの作業では耐熱服や防火服を着用して作業することになりますが、耐熱服や防火服は気密性が高いため熱中症の危険性は高くなります。対策としては、作業時間を短くする、送風ファン付きウエア、保冷材を装着した

インナーウエアやベスト着用等があります。実際の現場作業を把握し、作業者の快適性を上げるための工夫を考える必要があります。

④ 身体作業強度と WBGT 基準値

気温や湿度、輻射熱（ふくしゃねつ）が同じでも、従業員がデスクワークをしているか、ラインで重筋作業を休まずしているかで熱中症の発症リスクは異なります。そのため、WBGT により熱中症のリスクを見積もる時にはその職場の身体作業強度を加味する必要があります（表21）。

（中山　雅史）

表21　身体作業強度等に応じたWBGT基準値

区分	身体作業強度（代謝レベル）の例	WBGT 基準値	
		熱に順化している人（℃）	熱に順化していない人（℃）
0 安静	安静、楽な座位	33	32
1 低代謝率	軽い手作業（書く、タイピング、描く、縫う、簿記）。手および腕の作業（小さいベンチツール、点検、組立てまたは軽い材料の区分け）。腕および脚の作業（通常の状態での乗り物の運転、フットスイッチおよびペダルの操作）。立位でドリル作業（小さい部品）。フライス盤（小さい部品）。コイル巻き。小さい電機子巻き。小さい力で駆動する機械。2.5 km/h 以下での平たん（坦）な場所での歩き。	30	29
2 中程度代謝率	継続的な手および腕の作業（くぎ（釘）打ち、盛土）。腕および脚の作業（トラックのオフロード運転、トラクターおよび建設車両）。腕と胴体の作業（空気圧ハンマーでの作業、トラクター組立て、しっくい塗り、中くらいの重さの材料を断続的に持つ作業、草むしり、除草、果物および野菜の収穫）。軽量な荷車および手押し車を押したり引いたりする。2.5 km/h ～ 5.5 km/h での平たんな場所での歩き。鍛造。	28	26
3 高代謝率	強度の腕および胴体の作業。重量物の運搬。ショベル作業。ハンマー作業。のこぎり作業。硬い木へのかんな掛けまたはのみ作業。草刈り。掘る。5.5 km/h ～ 7 km/h での平たんな場所での歩き。重量物の荷車および手押し車を押したり引いたりする。鋳物を削る。コンクリートブロックを積む。	26	23
4 極高代謝率	最大速度の速さでのとても激しい活動。おの（斧）を振るう。激しくシャベルを使ったり掘ったりする。階段を昇る。平たんな場所で走る。7km/h 以上で平たんな場所を歩く。	25	20

（厚生労働省「職場における熱中症予防対策マニュアル（令和3年改訂版）」を一部改変）

Column 8

空冷式の暑熱対策

　熱中症になる要因は、環境側の要因と人体側の要因があります。そのうち、人体側の要因としては、活動量と着衣量が挙げられ、どちらもWBGTに影響を及ぼすと考えられます。今回は、暑熱対策のうち、空冷式の暑熱対策に焦点を当てていきます。空冷式の作業衣として送風ファン付きウエアやコンプレッサーから圧縮空気を送り出す作業服等が挙げられます。電動ファンやコンプレッサー等により空気を送り込み、衣服内で汗の蒸発を促進して冷却効果を高めるものです。見込まれる効果として皮膚温度低減、推定発汗量暑熱ストレス軽減等が挙げられ、エアコン等を使用できない現場作業時には有用であると考えられます。最近の研究では、電動ファン付きウエアは、高温多湿下においても十分に深部体温の上昇を抑制する効果があるとする論文も出てきています[4,5]。

　一方で、電動ファン付きウエアは粉じん現場や上に耐熱服や防護服を着るような現場では、周囲の空気を利用するため使用できないとされています。さまざまな現場、作業形態に合わせて、適切な冷却製品を利用するようにしましょう。

（神出　学）

Column 9

5S（整理、整頓、清掃、清潔、しつけ）

　5Sは安全で健康な職場づくり、そして生産性の向上を目指す活動で、4S（整理、整頓、清掃、清潔）にしつけを加えたものです。これらを実施することにより、働きやすい安全で健康的な職場を実現することができます。5Sが定着していないと労働災害の発生、作業効率の低下、誤作動・誤操作、モラルや品質・環境水準の低下等が起こるおそれがあります。

　①**整理**：必要なものと不要なものを分けて、不要なものを処分する

　②**整頓**：必要な時に必要なものをすぐに取り出せるように、分かりやすく安全な状態で配置、収納する

　③**清掃**：身の回りをきれいにして、ゴミ・汚れ等を取り除く

　④**清潔**：整理、整頓、清掃を繰り返し、衛生面を保持し、快適な状態を実現・維持する

　⑤**しつけ**：4Sが徹底され、適切に実行されるよう教育を行う

（神出　学）

5　騒音職場の職場巡視

1　基本事項とチェックリスト

　騒音は、人に不快感を与える他にも会話や合図などを妨害し安全作業のさまたげとなり、生理機能にも悪影響を及ぼします。騒音ばく露によって引き起こされる疾病の一つに「難聴」があり、一時的な聴力低下を認める一時性聴力低下と、長時間にわたって一時的聴力低下を繰り返して永久的に聴力低下を認める永久性聴力低下があります。この永久性聴力低下を「騒音性難聴」と呼びます。また、爆発音のような非常に高い騒音にばく露されると、正常な聴力から一時的聴力低下を経由せずに、永久的聴力低下を生じることがあります。

　騒音性難聴は周波数4,000Hz付近の聴力が最初に低下し、何年間もかけて会話領域の周波数帯域（1,000Hz付近）まで聴力障害が及んだ時に初めて難聴を自覚するようになります。現在のところ騒音性難聴には有効な治療法はありませんので、予防が非常に重要になってきます。

　騒音の健康診断（以下、騒音健診）では、オージオグラムを用いて250Hz、500Hz、1,000Hz、2,000Hz、4,000Hz、8,000Hzの6つの周波数帯の検査を実施します。騒音性難聴は周波数4,000Hzから難聴が認め始めるのに対して、加齢性難聴は周波数8,000Hzから難聴を認め始めます（図30、31）。

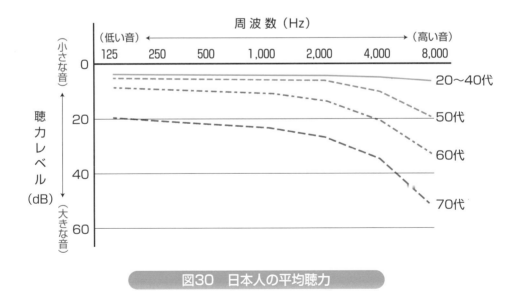

図30　日本人の平均聴力

騒音レベルの差と騒音性難聴進展経過の差

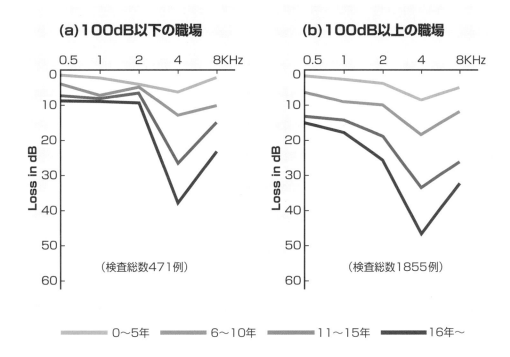

(一般社団法人日本耳鼻咽喉科頭頸部外科学会 産業・環境保健委員会 編「騒音性難聴に関わるすべての人のための Q＆A第2版」. 独立行政法人労働者健康安全機構 茨城産業保健総合支援センター. 2018. より転載)

図31　騒音レベルの差と騒音性難聴進展経過の差

「騒音障害防止のためのガイドラインの策定について」（平成4年10月1日付け基発第546号）では、労働安全衛生規則第588条に定める8屋内作業場（騒音測定が義務付けられている作業場）および騒音レベルが高いとされている52作業場を対象に、作業環境管理、作業管理、健康管理および労働衛生教育等の騒音障害防止のための対策を示しています。

　作業環境管理としての騒音レベルの評価には、定期的な作業環境測定、個人ばく露測定等があります。騒音レベルを低くするためには、低騒音型の機械を用いる、音源を密閉する、防振ゴムを取り付ける、消音ダクトを付ける、室内の壁に吸音処理をする等があります。作業管理として騒音ばく露量を減らすためには、騒音発生源と作業者の距離を離す、1人当たりの作業時間を短くする、聴覚保護具の耳栓やイヤーマフを用いる等があります。その他にも ①騒音発生源対策、②伝ぱ経路対策、③受音者対策、という視点からの対策もできます（表22、23）。

II 有害業務別の職場巡視

表22 代表的な騒音対策の方法

分類	方法	具体例
1 騒音発生源対策	発生源の低騒音化 発生原因の除去 遮音 消音 防振 制振 運転方法の改善	低騒音型機械の採用 給油、不釣合調整、部品交換など 防音カバー、ラギング 消音器、吸音ダクト 防振ゴムの取り付け 制振材の装着 自動化、配置の変更など
2 伝ぱ経路対策	距離減衰 遮蔽効果 吸音 指向性	配置の変更など 遮蔽物、防音塀 建屋内部の消音処理 音源の向きの変更
3 受音者対策	遮音 作業方法の改善 耳の保護	防音監視室 作業スケジュールの調整、遠隔操作など 耳栓、耳覆い

（「騒音障害防止のためのガイドラインの策定について」平成4年10月1日付け基発第546号.より引用）

表23 騒音職場の職場巡視チェックリスト

管理		チェックポイント
作業環境管理	設備	騒音を発する作業場では、その原因除去のために作業方法や機械の改善等の必要な対策を講じているか。
		強烈な騒音を発する屋内作業場においては、その伝ぱを防ぐために隔壁を設ける等の必要な措置を講じているか。
		騒音や防音保護具により警告音等の安全の確認が聴覚的に困難な場合は、パトランプ等を使用して視覚的に分かるようになっているか。
	作業環境測定	6カ月以内ごとに1回、定期的に作業環境測定を行っているか。
		施設、設備、作業方法を変更した場合はその都度で測定を行っているか。
		測定結果は3年間保存しているか。
		第Ⅱ、Ⅲ管理区分の職場については、労働者に分かるように管理区分を標識等で明示しているか。
		第Ⅱ、Ⅲ管理区分の場合、施設、設備、作業方法を見直し、改善を進めているか。
作業管理	作業方法	騒音ばく露時間をこれ以上短くできないか。
		騒音源からこれ以上距離を取れないか。
	保護具	労働者が適切な聴覚保護具（耳栓、イヤーマフ）を使用しているか。
		聴覚保護具の着用方法は適切か。清潔な状態か。
		聴覚保護具が十分用意されており、労働者が交換しやすい状態か。
		職場に「聴覚保護具の使用が必要である」と労働者が分かるように掲示しているか。

健康管理	健診	雇い入れ時や定期のオージオグラムによる騒音健診を実施しているか。
		健診結果に基づく事後措置を実施しているか。
		健診結果を5年間保存しているか。
		騒音による難聴の早期発見に取り組んでいるか。
労働衛生教育		騒音の人体に及ぼす影響、適正な作業環境、聴覚保護具の適切な使用等の労働衛生教育をしているか。
管理体制		必要に応じて騒音職場の改善を進める担当者が決まっているか。
		労働者が適切に聴覚保護具を使用（保管、着用、交換）できているかを管理する担当者が決まっているか。
		騒音に対する管理の指示命令系統や労働者の意見を聞く体制があるか。

Column 10
騒音計を使ってみよう

　騒音職場の巡視では騒音計が活躍します。騒音の中で普段から働いている人は騒音に鈍感になっていることがあり、そんな状況で職場巡視をした産業医が「ここは騒音がひどいですね！」と言っても「そうですか〜？？」という答えが返ってくることが度々あります。そんな時に騒音計を活用して見える化（数値化）すると、お互いの感じ方のズレを解消することができます。

　騒音計は**写真（上）**のようなもので、騒音職場がある事業場なら事前に職場巡視で使いたい旨を伝えておけば貸してくれることも多いです。また、最低限の機能のみのものであれば5,000円ほどから販売されているので産業医として1個購入するのもいいかもしれません。騒音計の大きな機能は、①今の騒音レベルの測定、②測定中の平均騒音レベルの測定、があります。

① 今の騒音レベルの測定

　騒音計の電源を入れれば、大体始めに表示されるものです。「FAST」のボタンで表示されるものもあります。表示されている数値（○○dB）がリアルタイムで変動していれば、今の騒音レベルを測定していると考えられます。**写真（中）**の機種では、「LAF」と表示されています。

② 測定中の平均騒音レベルの測定

　機種によっては測定できないものもあります。写真の機種では「START/STOP」を押してスタートし、もう一度押してストップすれば測定できます。そうすれば、その時間内の平均的な騒音レベル（LAeqまたは、Leqと表示されるものもあります）と時間内の最大の騒音レベル（LAFmax）、時間内の中央値（LAF50）が表示されます（**写真下**）。

（中山　雅史）

② 塗装作業の騒音職場巡視

ア　作業の概要

　エンジンを製造する事業場の中の、エンジンが適切に動いているかを確認する工程の職場です。5 m × 20 m程度の部屋にエンジンが30台設置されており、そこで10人前後の従業員が働いています。業務内容はエンジンを動かし、おかしな音がしないか？馬力の出力が規定通りか？等を確認しています。業務内容上、エンジンの音を聞く必要があるので自動化や密閉化はできません。

　職場としても、作業環境測定結果が第Ⅲ管理区分であるため、さまざまな改善を実施しているものの、設備面での騒音対策が十分な効果を出せていない状況です。

イ　巡視時の確認事項

　事業場内で騒音職場として認定されている職場のため、騒音にポイントを絞って職場巡視を行いました。産業保健の5管理の視点から見ると、表24の①〜④が作業環境管理、⑤〜⑥が作業管理、⑦が健康管理、⑧が労働衛生教育、⑨⑩が管理体制となります。

表24　塗装作業の騒音職場巡視確認事項

確認事項	確認事項に対する回答
① 作業場の騒音環境	・職場での騒音を周りの職場まで広げないように、騒音職場は大きな部屋で隔離されている。ただし、騒音職場で働く従業員は部屋の中で作業するので騒音のばく露がある。 ・部屋の中では30台のエンジンが稼働しており、騒音の発生源が複数ある状況。確認作業をしていないエンジンはカバーで覆っているが、従業員が確認作業をする時にはカバーを開けるので、部屋全体に騒音が響き渡る。
② 騒音対策としての取組	今まで予算を確保し時間をかけて以下の騒音対策を検討し、実施してきている。しかし、大きな改善にはつながっていない。 ・エンジンを覆うカバーを設置して、エンジンの密閉化を進める。 ・排管の太さや種類を調整して、騒音が小さくならないか検討した。 ・壁に吸音材を設置し、音の反射を減らしている（図32）。
③ 作業環境測定	(事前に確認) ・過去の作業環境測定結果を確認した。第Ⅲ管理区分を推移している。 <table><tr><td></td><td>2021年8月</td><td>2021年2月</td><td>2020年8月</td></tr><tr><td>A測定</td><td>95 dB</td><td>92 dB</td><td>95 dB</td></tr><tr><td>B測定</td><td>101 dB</td><td>96 dB</td><td>98 dB</td></tr><tr><td>管理区分</td><td>Ⅲ</td><td>Ⅲ</td><td>Ⅲ</td></tr></table>
④ 表示	・騒音職場であることの掲示や耳栓着用職場であることの掲示はできていた（図33）。

⑤ 騒音ばく露のある業務の内容	・作業時間は基本的に1日8時間で、その間はほぼずっと騒音にばく露されている。残業もあるため、週の労働時間は40時間を超える。 ・1つのエンジンの確認に20～30分程度かかり、それが終われば次のエンジンの確認に移る。これを繰り返す。 ・耳栓を着用して作業はしているが、エンジンがおかしな音をさせていないか確認している。
⑥ 保護具の使用状況	・従業員全員が耳栓を着用していた。イヤーマフ使用者なし（図34）。 ・使用している耳栓は、ウレタン製のものがほとんどであった。さまざまな耳栓の中から、自分に合うものを選ぶことができる（図35）。 ・耳栓の交換頻度は各従業員に任せており、耳栓は準備されていて自由に交換できる（図35）。 ・耳栓を確認すると、2～3週間同じ耳栓を着用しており耳栓が真っ黒になっている従業員もいた。 ・耳栓の管理としては、耳栓をそのままポケットに入れている。 ・左の2名は耳栓の着用方法が適切でなく、しっかり耳の奥まで耳栓が挿入されておらず、十分な防音効果が発揮されていない可能性が高い。右の2名は適切に耳栓を着用できていた（図36）。
⑦ 健康診断	（事前に確認） ・騒音職場の従業員は全員、毎年、年に2回の騒音健診を受診していた。 ・健診結果は産業医が確認して就業判定を実施している。 ・この職場の騒音健診の有所見者は10%程度であった。 ・周波数4,000Hzの難聴を認める従業者は数名いるが、産業医面談を実施しており過去にパチンコに行き過ぎたことが原因だと考えられている。それらの従業員には、適切な耳栓着用をしっかりと指導し、現状は通常勤務可能だが、これ以上難聴が悪化するなら今後の対応を相談しようと伝えている。
⑧ 騒音作業の安全衛生教育	・騒音職場につくことになった従業員は、1～2時間の騒音の安全衛生教育を受けていた。教育のタイミングは、職場につく時のみであった。ただ、「騒音障害防止のためのガイドライン」に書かれている3時間の「騒音作業従事労働者労働衛生教育」は実施されていなかった。
⑨ 騒音対策担当	●●さん
⑩ 聴覚保護具使用の適切な管理担当	▲▲さん

吸音材

図32　騒音対策としての取組
壁に吸音材を設置し、音の反射を減らしていた。

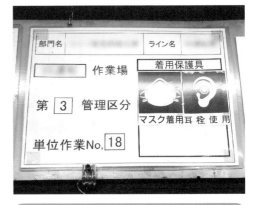

図33　騒音職場の表示
耳栓着用職場であることが表示されていた。

耳栓

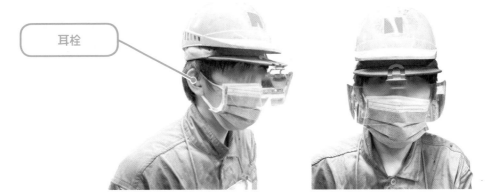

図34　保護具の使用状況（耳栓）
従業員全員がイヤーマフではなく、耳栓を使用。

図35　保護具の使用状況（耳栓の交換）
自分に合ったものを選べるよう用意された、さまざまな耳栓。

【不適切な例】　　　　　　　　　　　　【適切な例】

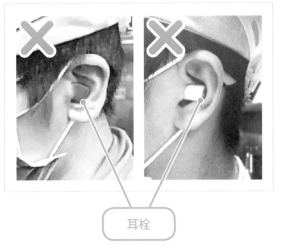

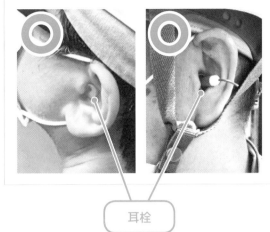

耳栓　　　　　　　　　　　　　　　　　耳栓

図36　保護具の使用状況（耳栓の着用方法）

左の「不適切な例」の2名は、しっかり耳栓が耳の奥まで挿入されていない。
右の「適切な例」の2名は、しっかりと耳栓が耳の奥まで挿入されていた。

ウ　巡視時の指摘・注意事項

・耳栓が真っ黒になるまで使用されていた。耳の中に挿入するものなので、衛生的な管理を
　する必要がある。もう少し短い周期で交換したり、ジッパー付きの袋等に保管することが
　望ましい。

・耳栓が適切に着用できていない。本来であれば、前から見ると耳栓がほとんど見えないく
　らいまで挿入する必要がある。耳栓を適切に着用できるようにしっかりとした教育を行
　うか、しっかりとした教育がなくても適切に着用できる耳栓やイヤーマフを検討する必要
　がある。

・騒音作業の安全衛生教育が不十分である。また、騒音作業に従事する従業員に対して、次
　の科目について労働衛生教育を実施することが望まれる。
　　①　騒音の人体に及ぼす影響
　　②　適正な作業環境の確保と維持管理
　　③　聴覚保護具の使用方法
　　④　改善事例および関係法令

※ 職場の設備面での改善はかなり実施しており、これ以上の設備的対策が思いつかなかった
　ので、今回は設備に関する指摘・注意事項に挙げなかった（本来であれば、作業環境管理
　として設備面から対策を検討するべきである）。

エ 事業場に提出する「産業医の巡視報告書」の記載内容

【良好事例】
・職場の設備面での騒音対策をかなり進めていただいていることが分かりました。
・従業員に耳栓着用を教育してくださっているおかげで、従業員全員が耳栓を着用できていました。
・耳栓も個人により、その人が使いやすいものと使いづらいものがあります。職場でそこまでご配慮いただき、従業員が使いやすい耳栓を選べるようになっていました。
・騒音の健康診断は、年2回適切に受けられていました。

【注意事項】
・以下の写真のように、一部の従業員に耳栓を「適切に」着用できていない方がいました。耳栓を十分に挿入できていないと必要な防音効果が得られず騒音性難聴になるリスクが高まります。騒音性難聴は治療法がないため、予防しか方法がありません。職場で耳栓を適切に着用できるようにしっかりと教育をしていただくか、適切に着用しやすい耳栓を利用するかご検討をお願いします。補足になりますが、他の騒音職場（●●ライン）ではウレタン製の耳栓にプラスチックのグリップが付いた耳栓（耳栓を一度潰す必要がなく、簡単に装着できる耳栓）を利用されていました。

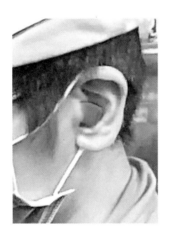 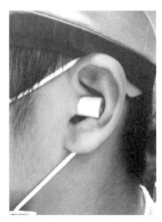

【指摘事項の対策（予定でも可）】（約1カ月を目安にご回答お願いします。）

※ 細かく挙げていけば指摘事項はいくつもあるが、伝える必要性の高い指摘事項に絞ることで職場にとって対策の優先順位が分かりやすくなるため、あえて指摘事項の数は少なくしている。

Column 11
人の聞こえ方に合わせて作った「A特性」

　騒音で扱う主な単位としては「周波数」を表す Hz（ヘルツ）と「音圧レベル」を表す dB（デシベル）がありますが、産業医業務をしていて騒音測定の結果の単位に「dB（A）」というものを見たことはないでしょうか？これは「デシベル エー」と呼び、A 特性の音圧レベルを表しています。どういう意味かというと、測定した音圧レベルを人間の可聴領域の周波数に合わせて補正したものです。人間の耳は周波数 1,000-2,000Hz の音に対する感度が最も高く、この周波数帯から外れると感度が下がり、同じ音圧レベルでも聞こえづらくなってしまいます。このことをうまく表現しようとできたのが A 特性で、例えば各周波数の音圧レベルが 80dB だったとしても、125-500Hz や 8,000Hz の周波数帯の音は小さく聞こえるため、**下表**のように A 特性を使い補正して人間の感覚に合わせた表示の仕方をしています。

	125Hz	250Hz	500Hz	1,000Hz	2,000Hz	4,000Hz	8,000Hz
音圧レベル [dB]	80	80	80	80	80	80	80
A 特性の音圧レベル [dB（A）]	64	71	77	80	81	81	79

　A 特性以外にも C 特性や Z 特性がありますが、ほとんど使われていないのでまずは「A 特性」について理解を深めていただければいいと思いますが、参考までに各特性についても以下に説明しておきます（表）。

　A 特性：人間の聴力に合わせて補正した音圧レベル。騒音測定で一般的に使用される数値。

　C 特性：以前は大きな騒音の測定などで使用されていたが、最近は騒音は A 特性で表す。

　Z 特性：純粋な音圧レベル。補正のされていない測定されたままの数値。上記説明で単に「音圧レベル」と書いているものは Z 特性に当たる。

周波数（通過帯域）[単位：Hz]	A 特性 [単位：dB]	C 特性 [単位：dB]	Z 特性 [単位：dB]
63（45-90）	-26	-3	0
125（90-180）	-16	-1	0
250（180-355）	-9	0	0
500（355-710）	-3	0	0
1,000（710-1,400）	0	0	0
2,000（1,400-2,800）	+1	0	0
4,000（2,800-5,600）	+1	-1	0
8,000（5,600-11,200）	-1	-3	0

（リオン株式会社：技術資料 . を基にして一部改変）

（中山　雅史）

オ　留意点

① 等価騒音レベル

　職場巡視等で短い時間に行う簡易な測定結果と、1時間以上かけて行う作業環境測定結果では当然異なります。一般的には騒音作業場の「作業環境測定」として"等価騒音レベル"が用いられており、測定時間の時間荷重平均で算出しています。そのため瞬間的な大きな音の評価には不向きなところがあります。また、作業環境測定において測定時間は1カ所10分以上と規定されており、正確な測定時間は規定されていません。そのため騒音レベルが作業時間内で変動する場合は、測定するタイミングや測定時間により管理区分が変わってくることもあります（図37）。

　より正確に評価したい場合は、マイクロホンを用いた「個人ばく露測定」を行い、時間経過と騒音ばく露を評価するのが理想的です。労働者の騒音障害防止の観点に立って、さまざまな角度から作業場および作業の状態を評価しましょう。

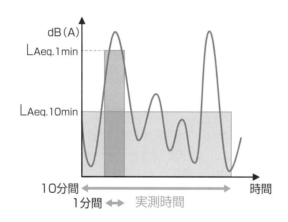

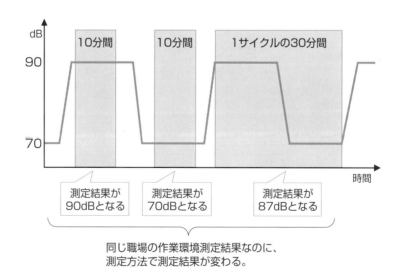

図37　等価騒音レベルの意味

Column 12

難聴で認知症のリスク約2倍！

　騒音職場の産業医をしていると、騒音健診や職場巡視で騒音性難聴やその対策の話をすることが多くなると思います。騒音性難聴は現代の医療では治療法がないため、予防が最も大切になってきます。従業員にこのように説明してもあまりしっくりこないことが多いのですが、「難聴になると認知症のリスクが2倍になります。だから、適切に耳栓をつけてくださいね。」とお伝えすると「え！？」という反応をして騒音対策にまじめに取り組んでくださる方がいます。従業員の方にとって「認知症」が身近なものになり、自分事として捉えられるからなのでしょうか。中年期（45〜65歳）に難聴があると高年期（65歳以上）の認知症発症リスクが約2倍に上昇するというデータを2017年のランセット国際委員会が発表しています。気になる方は、以下をご参照ください（表、図）。

（中山　雅史）

表　改善可能な認知症の危険因子

危険因子		相対リスク	人口寄与割合
＜小児期＞	11〜12歳までに教育が終了	1.6倍	8%
＜中年期（45〜65歳）＞	難聴	1.9倍	9%
	高血圧	1.6倍	2%
	肥満	1.6倍	1%
＜高年期（65歳〜）＞	喫煙	1.6倍	5%
	抑うつ	1.9倍	4%
	運動不足	1.4倍	3%
	社会的孤立	1.6倍	2%
	糖尿病	1.5倍	1%

（Livingston G, et al. Dementia prevention, intervention, and care. Lancet. 2017; 390(10113): 2673-2734. を基に作成）

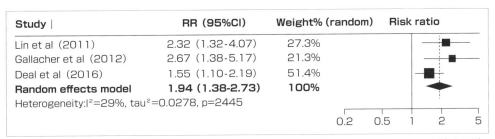

（Livingston G, et al. Dementia prevention, intervention, and care. Lancet. 2017; 390(10113): 2673-2734. を一部改変）

図　各ライフステージで予防可能な認知症の危険因子

② 耳栓

耳栓は一定の性能を満たしたものでなければ騒音障害予防には使えません。耳栓を選ぶ時は JIS 規格該当品、あるいはそれに準ずる性能を持った耳栓の中から現場に適したものを選定する必要があります。耳栓は大きく 2 つのタイプに分かれますので、それぞれの特徴と使いやすさ（実際に従業員が使えるか）を考慮して選定してください。

a　ウレタン製の耳栓

ふわふわしたスポンジのような材料で作られています。細く潰して耳に入れると 30 〜 60 秒ぐらいかけて緩やかに膨張し耳の穴をふさぎます。メリットは各人の耳の形に合わせてフィットするため、サイズを選ぶ必要がないことです。一方で装着には習熟が必要であり、なかなか適切に装着できない人がいることがデメリットとして挙げられます。実際に使用してみた感じですと、図 38 の右側から順に比較的簡単に装着できる印象です。特に一番右の耳栓はプラスチックのグリップが付いているので耳栓のウレタン部分を潰す必要がなく、耳に押し込むだけでいいので、より簡単に装着できるようになっていました。

b　ウレタン製以外の耳栓

プラスチック、ゴムなどの弾力性のある材料で、あらかじめ決められた形に作られています（図 39）。メリットは装着に習熟の必要がなく、誰でも適切な耳栓の着用方法を習得できることです。一方であらかじめ形が決まっているため、従業員の耳に合わないことがあるというデメリットもあります。メーカーでは同じ形状でも異なった大きさの耳栓を用意しています。使用前には必ず何点かサンプルを取り寄せ、各従業員が自分の耳に合っているものを選べるようにしておきましょう。このタイプの耳栓は、最近は 1 個 1 万円を超えるオーダーメイドやノイズキャンセリング機能の付いた高性能なものも発売されています。

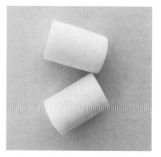

（「3M™ E-A-R™ クラシック™
耳栓310-1001」
提供：スリーエム ジャパン株式会社）

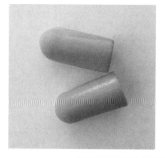

（「3M™ 耳栓 1100」
提供：スリーエム ジャパン株式会社）

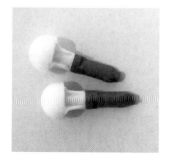

（「3M™ E-A-R™ プッシュインス™
耳栓ミニ 318-1000」
提供：スリーエム ジャパン株式会社）

図38　ウレタン製の耳栓

スポンジのような柔らかな素材で耳の形にフィットする。ただし、
適切な装着には習熟が必要。

（「3M™ E-A-R™ ウルトラフィット™
耳栓 340-4004」
提供：スリーエム ジャパン株式会社）

（「No.1915(きのこ型)」
提供：株式会社トーヨーセフティー）

（「No.1960 (ひょうたん型)」
提供：株式会社トーヨーセフティー）

図39　ウレタン製以外の耳栓

決められた形に作られており、適正な装着に習熟の必要がない。
ただし、使用する従業員の耳の形に合わない場合もある。

Column 13

防音保護具のJIS規格が変更になりました

　防音保護具に関しては、過去の JIS 規格（JIS T 8161:1983）が廃止され、新しい JIS 規格
（T 8161-1:2020 、T 8161-2:2020 ）になりました。大きな変更点は以下の２点です。

【呼び方】

　「防音保護具」→「聴覚保護具」　　「第１種耳栓、第２種耳栓」→「耳栓」に統一

【表示方法】

　周波数ごとの遮音値、SNR 値、HML 値の 3 種類を原則とする。

■ 遮音性能表示例

耳栓遮音性能（JIS T8161-1:2020による遮音性能より）

周波数 (Hz)	125	250	500	1000	2000	4000	8000
平均遮音値 (dB)	33.1	36.3	38.4	38.7	39.7	48.3	44.4
標準偏差 (dB)	5.0	7.4	6.2	5.6	5.3	4.5	4.4
想定保護値 APVf (dB)	28.1	28.9	32.2	33.1	35.4	43.8	40.0

SNR=37dB　高域周波遮音値 H=37dB、中域周波遮音値 M=34dB、低域周波遮音値 L=31dB

（日本聴力保護研究会 2020 年 12 月 16 日プレスリリース
「防音保護具が『聴覚保護具』に変わります！」より引用）

　以下に参考までに、以前の JIS 規格での耳栓の表記の違いを示します。

第１種耳栓	低い音から高い音まで全体的に遮へいする。
第２種耳栓	主に高い音を遮音し、会話域周辺の周波数の低音を比較的通す。 第１種耳栓よりも会話がしやすい。

（中山　雅史）

③　イヤーマフ

　イヤーマフは、一般的には耳栓よりも、より遮音性能が高いという特徴があります。一方で、イヤーマフが大きく邪魔で作業効率が落ちる、夏場に蒸れて不快である等のデメリットもあります。

　また、遮音性能が高すぎることで、必要な音が聞こえなくなってしまうこともあります。遮音後の騒音レベルが 70dB を大きく下回らないように注意が必要です。

④　NRR（Noise Reduction Rating）と SNR（Single Number Rating）

　NRR と SNR は、ともに聴覚保護具の性能を示すもので、聴覚保護具を適切に着用することでどの程度の騒音レベルを減衰させることができるのかを表しています。

　NRR と SNR の違いは、NRR は北米を中心とした規格であり、SNR が欧州連合を中心とした規格ということです。

　通常の場合、NRR 値は確率変数による統計的に 98 ％、SNR 値は確率変数による統計的に84 ％の人が、この値以上の遮音効果が得られます。

（中山　雅史）

作業別、リスクマネジメントのための職場巡視

 振動作業の職場巡視

① 基本事項とチェックリスト

　振動障害は、振動工具（表25）の使用により発生する局所振動が人体に伝ぱすることによって多様な症状を呈する症候群（手指等の末梢循環障害、末梢神経障害、運動器障害等）のことを指します。具体的な症状は手指や腕にしびれ、冷え、こわばりなどが間欠的または持続的に現れ、さらに、これらの影響が重なって生じるレイノー現象（手指などの皮膚の色調変化（蒼白、紫色、発赤））を特徴的症状としています。

　振動障害が発生する主な要因として、振動工具使用による振動そのものや作業時間が挙げられます。また、振動障害を増悪させる随伴因子として、寒冷による身体冷却、工具重量保持による筋緊張、喫煙等が考えられます（表26）[6, 7, 8]。

表25　振動工具の種類

振動工具取扱い業務	工具の種類
チェーンソー	
ピストンによる打撃機構を有する工具	さく岩機、チッピングハンマー、リベッティングハンマー、コーキングハンマー、ハンドハンマー、ベビーハンマー、コンクリートブレーカー、スケーリングハンマー、サンドランマー、ピックハンマー、多針タガネ、オートケレン、電動ハンマー
内燃機関を内蔵する工具（可搬式のもの）	エンジンカッター、ブッシュクリーナー
携帯用皮はぎ機等の回転工具（○を除く）	携帯用皮はぎ機、サンダー、バイブレーションドリル
携帯用タイタンパー等の振動体内蔵工具	携帯用タイタンパー、コンクリートバイブレーター
○携帯用研削盤、スイング研削盤、その他手で保持し、または支えて操作する型式の研削盤（使用する砥石の直径が150mmを超えるもの）	
卓上用研削盤または床上用研削盤（使用する砥石の直径が150mmを超えるもの）	
締付工具	インパクトレンチ
往復動工具	バイブレーションシャー、ジグソー

（厚生労働省「振動障害の予防のために ― 新たな振動障害予防対策の概要―」を基に作成）

振動障害を防止するためには、振動の周波数、振動の強さ、振動ばく露時間により、手腕への影響を評価し、振動障害予防対策を講ずることが有効とされています。国際標準化機構（International Organization for Standardization：ISO）等が取り入れている「周波数補正振動加速度実効値の３軸合成値」および「振動ばく露時間」で規定される１日８時間の等価振動加速度実効値（日振動ばく露量 A（8））の考え方等に基づく対策を実施することが望ましいと言えます。

【周波数補正振動加速度実効値の3軸合成値】

$$a = \sqrt{a_x^2 + a_y^2 + a_z^2}$$

※ ax、ay、azは、三方向（3軸）の周波数補正加速度実効値

　この３軸合成値を算出することが、振動工具製造者に求められています。

　「周波数補正振動加速度実効値の３軸合成値」と１日当たりの「振動ばく露時間」から、次の式により「日振動ばく露量 A（8）」が算出されます。

【日振動ばく露量A（8）】

$$A(8) = a \times \sqrt{\frac{T}{8}} \ [\text{m/s}^2]$$

※ a（m/s²）：周波数補正振動加速度実効値の3軸合成値
※ T（時間）　：1日当たりの振動ばく露時間

　「日振動ばく露量 A（8）」が「日振動ばく露限界値」である 5.0m/s² を超えることがないように、振動ばく露時間を抑制したり、低振動の振動工具の選定等を行ったりする等の作業方法を検討する必要があります。また、日振動ばく露限界値を超えない場合であっても、「日振動ばく露対策値」である 2.5m/s² を超える場合は、振動ばく露時間の抑制、低振動の工具の選定等に努めることが必要です [9,10,11,12]。

表26　振動作業の職場巡視チェックリスト

管　理		チェックポイント
作業環境管理	設備・環境	使用する工具の「周波数補正振動加速度実効値の3軸合成値」を表示・把握しているか。
		工具は、ハンドルのみを保持して作業が行うことができるものであるか。
		ハンドル等は防振ゴムなどの防振素材を介して工具を取り付けられているか。
		屋内作業の場合は、適切な暖房設備を有する休憩室を設けているか。屋外作業の場合は、休憩場を設け、暖房措置を講じているか。
		温水を供給する手洗い場があるか。
作業管理	作業方法	1日8時間の等価振動加速度実効値（日振動ばく露量A（8））を求めて、振動ばく露時間抑制等の措置を行っているか。
		使用する工具および業務に応じて、一連続の振動ばく露時間の制限や一連続作業後の休止時間を設けているか。
		作業開始時・終了時に手、腕、肩、腰等の運動を主体とした体操を実施しているか。
		振動業務に従事しない日を設けているか。
	保護具	軟質の厚い防振手袋等を作業者に使用させているか。
		耳栓等の聴覚保護具を作業者に使用させているか。
健康管理	健康診断	定期的に振動工具取扱い業務の特殊健康診断を実施しているか。
		健診結果に基づく事後措置を実施しているか。
		健診結果の記録を5年間保存しているか。
教育	労働衛生	振動業務につかせる時または振動工具の種類を変更した時、振動が人体に与える影響・日振動ばく露量A（8）に基づく振動ばく露限界時間等の工具の適正な取扱いおよび管理方法について教育を行っているか。
管理体制	選任	振動工具管理責任者を選任しているか。
	標準	振動工具の取扱い、整備の方法および作業の方法について、適正な作業標準が具体的に定められているか。
	巡視	振動工具の始業点検、定期点検、随時点検を行っているか。
		作業者は適切な保護具を着用して作業をしているか。
		巡視記録は保存されているか。

② 振動作業の職場巡視

ア　作業の概要

　作業者は4名（作業年数は10年以上）で、常時研削作業を行っているわけではなく、溶接作業を交えて業務を行っていました。巡視時は、製缶されたパイプのバリを携帯用研削盤（グラインダー）で研磨加工する作業をしていました（図40）。使用していたグラインダーの3軸合成値は4.2/s² であり、日振動ばく露対策値である2.5/s² で計算すると、1日当たりのばく露限度時間は2.8時間でした。作業時の等価騒音レベルは85dB（A）でした。

イ　巡視時の確認事項

　本例では、その場で表27のような確認を行いました。①⑤は作業環境管理、②③④は作業管理、⑥⑦⑧は健康管理、⑨⑪は労働衛生教育、⑩⑫は管理体制となります。

図40　振動作業（携帯用研削盤〈グラインダー〉による研磨加工）

防振手袋、必要な保護具を適切に着用して作業していた。

表27　振動作業の職場巡視時の確認事項

確認事項	確認事項に対する職場からの回答
① 作業場の環境	作業場は、工場の屋内南端にあり、シャッターは常時開放状態であった。巡視は夏季で、気温31℃。冬季作業記録では気温6℃。
② 作業頻度、作業時間	研削作業は平均して週に3日程度。1日5〜6回作業、1回の研削作業時間は5分程度。
③ 作業方法	5〜10kgの携帯用電動研削盤を用いて製缶された金属パイプを研磨する作業。研磨する位置によって、腕を上げたり、体を屈めたりしながら作業を行う。
④ 保護具の使用状況	防振手袋、耳栓、保護めがね、防じんマスクを着用していた。
⑤ 休憩場所	作業場のすぐそばに冷暖房設備の整った休憩所がある。作業者は休憩時間や作業の合間に適宜休憩を取っていた。
⑥ 作業者の体調	手のしびれ・肘や肩の痛み等はなかった。
⑦ 健康診断	振動健診では、1名が1次健診で有所見だったが、2次健診で経過観察とされていた。
⑧ 作業前後の体操	朝礼・昼礼時に体操が行われていた。作業終了後の体操は行われていなかった。
⑨ 安全衛生教育	作業者は、年に1回程度、振動工具の安全衛生教育を受けていた。
⑩ 管理責任者の選任	振動工具管理責任者が選任されていた。
⑪ 作業者の喫煙状況	4名中3名が喫煙者だった。
⑫ 工具の点検・整備状況	月に1回、工具の点検が行われ、点検済み工具はテープが巻かれていた。テープの色は毎月変更され、点検済み工具がひと目で分かるようになっていた。また、点検・整備記録は作成され、事務所に保管されていた。

ウ　巡視時の指摘・確認事項

・作業場の冬季の温度が低すぎるため、出入り口に高速シャッターを設けるなど、作業場の保温を検討すること。
・上肢を過度に屈曲または捻転した状態で作業をさせないこと等、作業姿勢の適正化を図ること。
・1時間に10分程度の休憩時間を取り、その際、手指を温めること。
・冬季には使い捨てカイロを用意するなど、手指の保温を心がけること。
・作業終了時にも体操を実施すること。
・喫煙者に対して禁煙指導をすること。
・バイク運転を原則禁止にすること。
・冬季に職場巡視を組み込むこと。

エ　留意点

①　複数の振動工具を使用する場合

　1日に複数の振動工具を使用する場合、各工具での作業ごとの「振動ばく露量」を求め、算出した値の平方根を求めます。この平方根の値が、「日振動ばく露量A（8）」となります。

　厚生労働省は「日振動ばく露量A（8）の計算テーブル」をWeb上で提供しています。こちらを利用すると一つの振動工具だけでなく、複数の振動工具を使用する場合でも、日振動ばく露量A（8）を容易に求めることができます。

厚生労働省HP：日振動ばく露量A（8）の計算テーブル

https://www.mhlw.go.jp/stf/seisakunitsuite/bunya/koyou_roudou/roudoukijun/anzen/anzeneisei02.html
振動障害対策 _ 日振動ばく露量A（8）の計算テーブル

②　引金付工具

　引金付工具も振動工具と同様に、手指障害等に注意が必要です。 炭酸ガスアーク溶接トーチ、エアーリベッター、スプレーガン、エアードライバー等の手で保持し、引金を操作する工具（引金付工具）の使用に伴う手指に障害が生じる等の健康障害を防止するために「引金付工具による手指障害等の予防について」（昭和50年2月19日付け基発第94号、改正令和4年3月1日付け基発0301第1号）が定められています。

　手指への障害を予防する点では、振動工具の取扱い業務に係る振動障害予防対策と類似しています。 以下にポイントを列挙しますので、参考にしてください。

【ポイント（「別添　引金付工具作業者要領」を参照）】

- ・引金付工具を取り扱う作業時間の目安は、60分ないし120分ごとに10分ないし15分の休憩を取ること。
- ・引金付工具の形、重量、引金を引くまたは押さえるのに要する力、引金のストローク等は、人間工学的に配慮された適正なものとすること。
- ・引金付工具を使用する場合は、スプリングバランサーまたはカウンターウエイトを取り付ける等により、その重量が作業者の上肢に直接かからないようにすること。
- ・引金付工具に接続するホースまたはケーブルについては、適切な保護具で支える等により、作業者の上肢に負担がかからないようにすること。
- ・上肢を過度に屈曲しまたは捻転した状態で作業させないこと。
- ・作業を行う場所の気温は18〜28℃、作業面の照度は300ルクス以上とすること。
- ・当該作業者は、6カ月以内ごとに1回、健康診断を受けること。
- ・頸肩腕症候群を予防するための職場体操を行うこと。

留意点としては、以下などが挙げられます。

【留意点】

・冬季に職場巡視の実施の必要性

・複数の振動工具を使用する場合の注意点

・振動工具による障害の起こり方

（神出　学）

2 金属アーク溶接作業の職場巡視

1 基本事項とチェックリスト（チェックリストは、粉じん職場の項P39の表16参照）

　金属アーク溶接作業は、ものづくりの工業技術として大変重要ですが、その作業内に多くの有害性が含まれています。どのような点に着目して巡視を行うとよいでしょうか。図41の写真から考えられる有害因子は何でしょうか。次ページに有害因子をまとめて列挙しています。

写真上：大型圧力容器鋳物の
　　　　金属アーク溶接作業。
写真下：アーク放電を用いた
　　　　ガウジング作業。
これらの写真から考えられる
有害因子は何か。

図41　金属アーク溶接作業の有害因子

　図41の有害因子としては、以下等が含まれていると考えられます。それぞれの対策を確認しながら巡視を行いましょう。

【金属アーク溶接作業の有害因子】
　物 理 的 因 子：有害光線（紫外線による電光性眼炎）、騒音の発生、高温環境・高温輻射（ふくしゃ）、高所作業、スパッタ等による火傷（やけど）、感電
　化 学 的 因 子：粉じん、マンガン（塩基性酸化マンガン含む）等の有害金属、一酸化炭素、オゾン、溶接ヒュームによる肺がん
　人間工学的因子：作業姿勢、作業負荷

　ここでは、金属アーク溶接等作業での溶接ヒュームが令和3（2021）年から特定化学物質障害予防規則の特定化学物質（管理第2類物質）として位置付けられたことから、主に溶接ヒュームに着目していきます。

② 金属アーク溶接作業の職場巡視

ア　作業の概要

　本例は、図41で示した通り、大型圧力容器鋳物の溶接作業を行っていました。

イ　金属アーク溶接職場巡視時の確認事項（図42）

　本例では、その場で、表28のような確認事項をチェックしました。①②④は作業環境管理、③⑤⑥⑫は作業管理、⑦⑧⑨⑮は健康管理、⑪は労働衛生教育、⑩⑫⑬⑭は管理体制となります。

ウ　巡視時の指摘・指導事項

　作業頻度が毎日、作業時間が1～2時間／回とある程度の作業があることから、次のような指導を行いました。

・すでに配備されているフレキシブルダクトとポータブルファン等の局所排気装置を使用すること。万が一、作業内容上、局所排気装置の使用が困難な場合は、必ず全体換気を行うこと。その際、作業者は風上で作業をすること。
・たい積粉じん清掃時には、水洗あるいは真空掃除機を使用して、発じんを抑えること。
・極力無理な作業姿勢にならないで済むようなポジションをとること。区切りがよいところで定期的に作業を中断し、休憩を挟むこと。
・喫煙者の禁煙を促進すること。
・夏季の熱中症予防を徹底すること。

溶接ヒューム

アーク光

スパッタ

防じんマスク、
遮光溶接面、耳栓着用

難燃保護衣

フルハーネス着用

スパッタ

図42　金属アーク溶接職場巡視時の確認事項

大型鋳物の溶接作業のため高所作業となり、フルハーネスを着用していた。
作業着も難燃保護衣を着用して着火を防止していた。

表28　金属アーク溶接作業職場巡視時の確認事項

確認事項	確認事項に対する職場からの回答
① 換気の状態	プッシュプル型換気装置はなく、窓に換気扇（全体換気）が設置されている。移動式の局所排気装置が配備されていたが、巡視時は使用されていなかった（図43）。
② 作業場の表示	作業エリアの表示、関係者以外の立入禁止、喫煙・飲食の禁止、有効な保護具着用等の掲示を行っている（図44）。
③ 作業頻度、作業時間	作業頻度は毎日、1〜2時間／回の作業時間。
④ 作業環境測定	全体換気装置設置前および設置後にそれぞれ実施。その後は定期的に実施している。
⑤ アーク溶接の作業	一連続溶接時間は、数秒〜数分。溶接後は目視で溶接部を確認。溶接ヒュームは作業者の周囲に拡散。
⑥ 保護具の使用状況	溶接作業時には遮光溶接面、防じんマスク、溶接用保護手袋・保護衣、耳栓等を着用していた。皮膚の露出部はない。
⑦ 作業者の体調等	体調不良を訴える作業者はなし。
⑧ 休憩室の状況	休憩室は、職場から離れて設置されている。休憩場所へは難燃保護衣を脱いで入るようになっており、清潔に保たれている。
⑨ 健康診断実施状況	じん肺健診、特殊健診を適切に実施している。有所見者はいない。
⑩ 緊急時の対応	緊急時の連絡体制あり。緊急の洗眼器あり（図45）。
⑪ 労働衛生教育	粉じんおよび金属アーク溶接等作業について、雇い入れ時、作業内容変更時に加え、毎年定期的に労働衛生教育が行われている。
⑫ 保護具着用管理責任者の選任	この作業場のリーダーが、保護具着用管理責任者とたい積粉じん清掃責任者として選任され、保護具の着用、管理が徹底されていた。衛生管理者も週1回以上巡視を行い、着用状況を確認していた（図46）。
⑬ たい積粉じんの清掃、たい積粉じん清掃責任者の選任	作業終了30分前から作業者全員で清掃作業をしていた（真空掃除機を使用）。毎月1回は全員で日頃清掃できない場所の清掃を行い、たい積粉じんを除去していた。この作業場のリーダーが、たい積粉じん清掃責任者として選任されていた（図47）。
⑭ 作業主任者の選任	特定化学物質作業主任者が選任されていた。
⑮ 作業者の喫煙状況	7名の作業者のうち4名が喫煙者。

全体換気装置

送風機

ポータブル（移動式）
局所排気装置

プッシュプル型換気装置はなく、窓
に換気扇が設置されていた。移動
式の局所排気装置はあるが、巡視時
は使用されていなかった。

図43　換気の状態

図44　金属アーク溶接等作業場の表示

洗眼器

図45　緊急時の対応

保護具管理
キャビネット

作業者の人数分の
保護具

保護具の有効かつ
清潔な状態の保持

保護具管理責任者
の選任

防じんマスク
管理台帳

適切な規格の保護具

図46　保護具着用管理責任者の選任

2024年4月1日から保護具着用管理責任者の選任が義務化される。

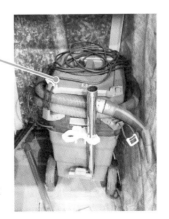

真空掃除機

作業終了30分前から、
真空掃除機を使用した
清掃を行っていた。

図47　たい積粉じん清掃責任者の選任

エ　留意事項

①　換気装置

　溶接ヒュームの個人サンプリング法の結果に応じて、換気装置の風量の増加やその他必要な措置を講じましょう。例えば、溶接方法や母材、溶接材料等の変更による溶接ヒューム量の低減、集じん装置による集じん、移動式送風機による送風の実施などです。

　巡視した職場では、換気装置に風量を増加させるとともに、送風機での送風を行い、可能な作業では移動式の局所排気装置で集じんする対策をとっていました。全体換気装置等については、**Ⅱ章　有害業務別の職場巡視**（P 26）をご参照ください。

②　呼吸用保護具の正しい選定

　溶接ヒュームの濃度測定の結果から、マンガン濃度の最大値を用いて、以下の計算式により、「要求防護係数」を算出します。

【要求防護係数計算式】
　要求防護係数 ＝（マンガン濃度の最大値）/ 0.05
　　※ 溶接ヒュームの濃度はマンガンとして0.05mg/m³が基準となります。

　要求防護係数を上回る指定防護係数の呼吸用保護具を選択しましょう。指定防護係数が高いほど、マスク内への溶接ヒュームの漏れ込みが少ないことを意味します。詳細は、一般財団法人日本規格協会発行の「JIS T 8150:2021 呼吸用保護具の選択、使用及び保守管理方法」付表2を参考にしてください。

③　呼吸用保護具の正しい着用

　呼吸用保護具は正しく着用して、初めて効果が期待できます。防じんマスクの漏れ込みの多くは面体と接顔部に隙間ができることで発生します。

　例えば、面体にメリヤスをつけたり、タオルをあてた上から防じんマスクを着用したりすると隙間が生じるため、本来の性能を発揮することができません。巡視では、防じんマスクを着けているかどうかだけでなく、正しく着用しているかも確認し、随時指導しましょう。詳細は、「防じんマスクの選択、使用等について」（平成17年2月7日付け基発0207006号）を参考にしてください。

　また、継続して行う屋内作業については、フィットテストが令和5（2023）年4月から義務化されます。

　フィットテストの方法は、JIS T 8150に定める方法、またはこれと同等の方法により、呼吸用保護具の外側、内側それぞれの測定対象物質の濃度を測定し、以下の計算式により「フィットファクタ」を求めます。次に、「フィットファクタ」が表29の「要求フィットファクタ」を上回っているかどうかを確認します。

【フィットファクタ計算式】

$$\text{フィットファクタ} = \frac{\text{呼吸用保護具の外側の測定対象物質の濃度}}{\text{呼吸用保護具の内側の測定対象物質の濃度}}$$

④　その他有害因子：有害光線

有害光線（紫外線）は、眼に照射されると一過性の痛みを伴う紫外線性眼炎・電光性眼炎を起こし、皮膚に照射されると浅い熱傷（火傷）を生じます。遅発性障害として白内障、皮膚がん、皮膚の老化があります。労働衛生3管理で予防しましょう。

a　作業環境管理

発生源の密閉化が理想ですが、部分的に遮蔽するだけでも効果があります。まずは金属アーク溶接のアーク光、その他強烈な光線を発散して危険のおそれのある場所については、区画して作業場所を明確にしましょう。そして、遮光カーテンや遮光板によって発生源周囲を囲み、外部への漏えいの防止を行って周辺で働く作業者の保護に努めましょう（図48）。

表29　要求フィットファクタ

呼吸用保護具の種類	要求フィットファクタ
全面形面体を有するもの	500
半面形面体を有するもの	100

遮光カーテン

部分的にでも有害光線を遮蔽することは有効。遮光カーテンなどで発生源周囲を囲み、外部漏えいを防止していた。

図48　金属アーク溶接職場の作業環境管理

b 作業管理

アーク溶接作業者の多くが溶接の近くで作業しているため、作業者自身は有害光線を遮蔽できない場合が多く、保護具を正しく使用することが重要です。労働安全衛生規則第325条第2項（強烈な光線を発散する場所）および第593条（呼吸用保護具等）に規定されるものとして遮光めがね、溶接用保護面等があり、日本工業規格（遮光保護具JIS T 8141、溶接用保護面JIS T 8142）が定められています。

溶接用遮光めがねは、サイドシールド付きの方が側面からの紫外放射や飛来物を防ぐことができます。溶接面は溶接作業者の眼を紫外放射から保護し、アーク光またはスパッタ（溶けて飛散する粒状の金属）などの危険から顔面・前頭部などを保護します。遮光保護具などのフィルターレンズやプレートは、作業の状況に応じ、遮光度番号の数字が勧告されています（表30）。また、周囲の光の強さを感知してフィルターの明るさを自動調整する液晶式自動遮光溶接面も普及しています（図49）。自動遮光溶接面を使用することで、溶接開始時に液晶画面モニターを見ながら溶接部の確認ができるため、アーク光の有害光線へのばく露を軽減できます。両手が自由に使え、作業性も向上します。

c 健康管理

紫外線にばく露される業務に携わる人を対象に、行政指導「特殊健康診断指導指針について」（昭和31年5月18日付け基発第308号）に基づく特殊健康診断を行います。

（神出　学）

周囲の光の強さに合わせ、明るさを自動調整

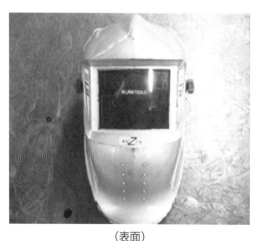

（表面）

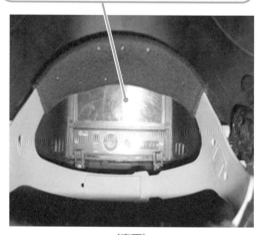

（裏面）

図49　自動遮光溶接面の例

裏面の液晶モニターに、外部が映し出される。

表30　遮光度番号と使用区分の標準（JIS T 8141）

遮光度番号	アーク溶接・溶断（A）※			切断作業	
	被覆・アーク溶接	ガスシールド・アーク溶接	アーク・エア・ガウジング	酸素切断 酸素使用量（L／時）	プラズマ切断（A）
5	30 以下	—		900 を超え 2000 まで	
6				2000 を超え 4000 まで	
7	30 を超え 75 まで			4000 を超え 8000 まで	
8				—	
9	75 を超え 200 まで	100 以下			
10			125 を超え 225 まで		
11		100 を超え 300 まで			150 以下
12	200 を超え 400 まで		225 を超え 350 まで		150 を超え 250 まで
13		300 を超え 500 まで			250 を超え 400 まで
14	400 を超えた場合		350 以上		
15	—	500 を超えた場合			
16					

※ A（アンペア）＝電流　　　　　　　　（日本工業規格「JIS T 8141:2016 遮光保護具」より一部引用）

Column 14
防じんマスクのダメな着用方法 Top 3

　「防じんマスクの選択、使用等について」（平成 17 年 2 月 7 日付け基発第 0207006 号）には以下のような記載があります。

　次のような防じんマスクの着用は、粉じん等が面体の接顔部から面体内へ漏れ込むおそれがあるため、行わせないこと。

　ア　タオル等を当てた上から防じんマスクを使用すること。

　イ　面体の接顔部に「接顔メリヤス」等を使用すること。ただし、防じんマスクの着用により皮膚に湿しん等を起こすおそれがある場合で、かつ、面体と顔面との密着性が良好であるときは、この限りでないこと。

　ウ　着用者のひげ、もみあげ、前髪等が面体の接顔部と顔面の間に入り込んだり、排気弁の作動を妨害するような状態で防じんマスクを使用すること。

　このように、防じんマスクが適切に着用できていないケースには、①タオルマスク、②メリヤスマスク、③ひげマスク等があります（①～③は一般的な言い方ではありませんが、記憶に残りやすいように表現しました）。今までの経験上①と②はよく見かけるので、皆さんも職場巡視をする時は作業者を注意してご確認ください。ただ、皮疹対策としてメリヤスを使用している従業員に関しては、メリヤスを使用していても防じんマスクが十分機能しているかを確認する必要があります。具体的にはシールチェックやフィットテストをしてもらうとよいでしょう。

（中山　雅史）

③ 個人サンプリング法

　化学物質を使用する作業においては、その有害要因の正確なリスク評価を行うことは非常に大切です。欧米では、化学物質等の有害物質を取り扱う作業を行う労働者個人の健康リスク評価として個人ばく露測定が行われており、個人サンプラーが利用されています。わが国でも、公益社団法人日本産業衛生学会から勧告されている許容濃度が、個人ばく露測定の評価に用いられています[13]。

　従来の作業環境測定は、作業環境測定基準による場の測定（A、B測定）が行われていますが、気中への発散の変動が大きいときや、作業者の移動が大きく場の測定のデザインが困難なときなどでは、適切な作業環境の評価とならない場合があります。

　そのため、令和3（2021）年4月から、個人サンプリング法による作業環境測定が対象となる化学物質（特定化学物質のうち管理濃度の値が低いもの、塗装作業等有機溶剤等の発散源の場所が一定しない作業が行われる単位作業場所）において認められました[14, 15, 16]。

　個人サンプリング法とは、指定の作業場において、その作業に従事する作業者自身の身体に装着する試料採取機器等を用いた測定のことを言います。従来の作業環境測定では、作業場内の定点に測定機器を設置して測定を行い、A測定、B測定を用いて作業環境を評価してきましたが、個人サンプリング法では、作業者に装着した個人サンプラーによる測定を行い、C測定、D測定を用いて評価をします[17]。

　C測定は単位作業場所における気中有害物質の平均的な状態を把握するための測定で、従来のA測定に当たります。D測定は、C測定の結果を評価するだけでは作業者が有害物質への大きなばく露を受ける可能性を見逃すおそれのある作業が存在する場合に、有害物質の発散源に近接する場所における作業について測定を行う趣旨のもので、従来のB測定に当たります（図50、図51）。

　今回導入された個人サンプリング法による作業環境測定は、個人ばく露測定には該当しないものとされています。測定器具に携帯式ポンプ等の個人サンプラーを用いる点や、労働者の呼吸域（呼吸で化学物質を吸入する可能性のある高さ）における測定を実施する点では、個人ばく露測定と同等と言えます（図52）。

① 発散源とともに作業者が移動
（溶接、吹付け塗装等）

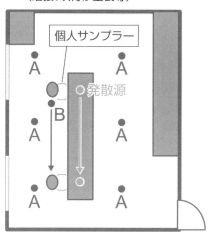

② 作業者の動きにより呼吸域付近の評価結果がその他の作業に
比べて相対的に大きく変動すると考えられる作業

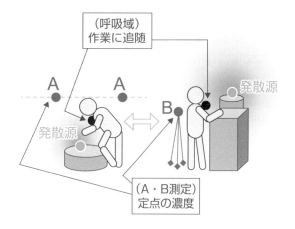

（厚生労働省「個人サンプラーを用いた作業環境測定」より転載）

図50　導入作業のイメージ

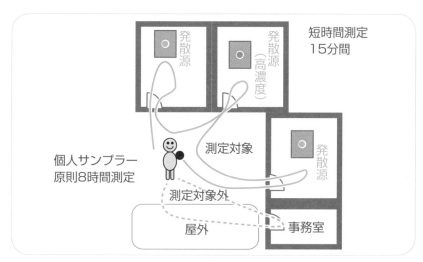

（厚生労働省「個人サンプラーを用いた作業環境測定」より転載）

図51　個人サンプラーによる測定

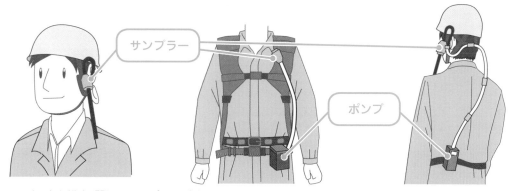

（厚生労働省「『個人サンプリング法による作業環境測定及びその結果の評価に関するガイドライン』を
策定しました」より転載）

図52　個人サンプリング法の試料採取機器

一方、異なる点としては、その目的が個人サンプリング法による作業環境測定では「有害作業における場のリスク評価」にあるのに対して、個人ばく露測定では「有害作業における個人のリスク評価」にあります。このため、個人サンプリング法による作業環境測定では評価値として「作業時間平均値」を用いて「管理濃度」と比較しますが、個人ばく露測定では「8時間平均値」を用いて許容濃度等の「ばく露限界値」と比較することになります（表31）。

（加部　勇）

表31　測定結果の評価

C測定のみを行った場合

C測定		
第1評価値 ＜管理濃度	第2評価値 ≦管理濃度 ≦第1評価値	第2評価値 ＞管理濃度
第1管理区分	第2管理区分	第3管理区分

C測定およびD測定を行った場合

		C測定		
		第1評価値 ＜管理濃度	第2評価値 ≦管理濃度 ≦第1評価値	第2評価値 ＞管理濃度
D測定	D測定値 ＜管理濃度	第1管理区分	第2管理区分	第3管理区分
	管理濃度 ≦D測定値 ≦管理濃度×1.5	第2管理区分	第2管理区分	第3管理区分
	D測定値 ＞管理濃度×1.5	第3管理区分	第3管理区分	第3管理区分

Column 15

溶接でのCO（一酸化炭素）中毒

　溶接時には、溶接ヒュームの他に有害ガスも発生しており、主な有害ガスとしては、オゾン、窒素酸化物、一酸化炭素等があります。例えば炭酸ガスアーク溶接作業では、炭酸ガスの熱分解により一酸化炭素が発生することが知られています。ボイラーやタンク、ダクト内など通風の不十分な場所における溶接作業では発生した一酸化炭素が蓄積し、一酸化炭素中毒が発生するおそれがあります。一酸化炭素中毒は、防じんマスクの装着のみでは防ぐことができません。そのため、タンク内等の狭あい場所では十分な換気を行うこと、換気が困難な場合は送気マスクの装着等が必要となります。アーク溶接作業のうち、タンク内作業等において炭酸ガス、アルゴン等の不活性ガスを使用したアーク溶接作業を行う際には、酸素欠乏症等防止規則第21条第1項の規定により換気または空気呼吸器等の呼吸用保護具の使用が義務付けられています（表）。

　また、安全衛生特別教育規程（昭和47年労働省告示第92号）第4条「アーク溶接等の業務に係る特別教育」が規定されており、その中で、一酸化炭素中毒および酸素欠乏症の防止に関する事項についても教育することとされています。

　溶接作業における一酸化炭素中毒発生については、認識が不十分であることが多いです。職場巡視等の際に、こうした項目も確認するようにしましょう。

（神出　学）

表　改善可能な認知症の危険因子

対策 ＼ 作業	タンク内等におけるアーク溶接又は通風が不十分な屋内作業場におけるアーク溶接	タンク内等における炭酸ガス、アルゴン又はヘリウムをシールドガスとして使用するアーク溶接
換気	一酸化炭素濃度が50ppm以下*となるよう換気	酸素濃度が18%以上、かつ一酸化炭素濃度が50ppm以下*となるよう換気
保護具	換気が困難な場合、 ・一酸化炭素用防じん機能付き防毒マスク ・酸素呼吸器 ・空気呼吸器 ・送気マスク のいずれかを使用	換気が困難な場合 ・酸素呼吸器 ・空気呼吸器 ・送気マスク のいずれかを使用

＊日本産業衛生学会が示すCO許容濃度
（「アーク溶接作業における一酸化炭素中毒の防止について」.平成16年9月21日付け
基安化発第0921002号参考3.を一部改変）

3 重筋負荷作業の職場巡視

1 基本事項とチェックリスト（表32）

　腰痛は工場労働における大きな問題の一つです。令和2（2020）年、令和3（2021）年には「新型コロナウイルスり患によるもの」が全業種における業務上疾病の大きな割合を占めましたが、「新型コロナウイルスり患によるもの」を除いた業務上疾病の6割以上が腰痛であり、件数も令和元（2019）年と比べて減っていません。

　「職場における腰痛予防対策指針」（平成6年9月6日付け基発第547号）では、作業管理、作業環境管理、健康管理および労働衛生教育を適切に行うことが求められており、この視点は重筋負荷作業全般に応用できます。

　平成25（2013）年、同指針が19年ぶりに改訂され、それぞれの作業の種類ごとに、場合によっては作業場所ごとに、腰痛の発生に関与する要因のリスクアセスメントを実施し、その結果に基づいて適切な予防対策を実施していくという手法を導入することが重要とされています。

　職場における腰痛の発生には動作要因、環境要因、個人的要因、心理・社会的要因といった多様な要因が関与するとともに、それぞれの事業場によるさまざまな作業が起因しています。1日中ほぼ同じ姿勢で行う作業、同じ動作の繰り返し作業、重量物取扱い作業などには、特に対策が必要です。重筋負荷作業のリスクアセスメントを行い、優先順位をつけた対策は有効です。

【重筋負荷作業の対策】
① 設備改善
　重量物や取扱いにくい荷を持ち上げたり、移動させる作業、不自然な姿勢の作業には、機械の力を利用する自動化や省力化が有効です。
② 作業方法の見直し
　機械を利用できない作業は、腰に負担がかからない姿勢や動作で行いましょう。
③ 作業環境の見直し
　温度、照明、作業床、作業空間などを改善しましょう。

　また、腰痛はいろいろな原因で発生しますので、作業のやり方の改善や働きやすい環境づくりを目指すだけでなく、日常の体調管理や体力づくり、食生活、喫煙・飲酒、ストレス管理などの健康管理を含めた総合的な対策をとりましょう。

表32 重筋負荷作業の職場巡視チェックリスト

管　理		チェックポイント
作業環境管理	設備改善	持ち上げ・移動・積み込み作業では電動式リフターなどを利用しているか。
		回転移動ではターンテーブルなどを設置しているか。
		持ち上げ・下げ作業では、油圧駆動式アームやマグネット式吊具などを使用しているか。
	温度	暖房設備により職場を適切な温度に保っているか。
		冷房が直接体にあたらないようにしているか。
		冷凍倉庫などでの作業では、冷気を通さない軽い衣服を着用しているか。
	照明	作業場所、通路、機械設備などの状況がはっきりわかる明るさにしているか。
	床	床をはう配線、段差、凹凸の部分には、覆いを設けているか。
		濡れやすい通路は、滑りにくい素材にしているか。
	空間	左右の手を水平方向・垂直方向に伸ばした空間に、動作の障害となるものはないか。
作業管理	立位作業	床・地面から荷を持ち上げるときは、片足を少し前に出し、膝を曲げ腰を十分に降ろして荷を抱え、膝を伸ばして立ち上がっているか。
		荷を持って向きを変えるときは、体ごと回しているか。
		複数の人で持っているか。
		キャスター、足置き台、腰おろし台などの補助具を利用しているか。
		作業台の高さをリフターなどで調整したり、踏み台を使用しているか。
		荷物等は小分けにし、荷の重量を小さくしているか。重量別に分類し、重量が分かるようにラベルを貼るなどしているか。
		材料箱などに握り、取っ手をつけ、持ちやすくしているか。
		コンテナ、運搬車を利用しているか。
		収納棚は重い物、よく使うものは床から 80 ～ 120cm の位置に置いているか。
健康管理	健診	当該作業に配置する際およびその後の6カ月以内ごとに1回、定期に健康診断を実施しているか。
	日常の健康管理	日常生活で腰に負担がかからない動作の工夫をしているか。
		立つ姿勢や歩く姿勢は正しいか。
		睡眠を十分にとりしっかり休養をとっているか。
		作業者は、適正な体重を維持しているか。
		作業前体操を行っているか。
		ストレッチなど腰痛予防体操を実施しているか。
労働衛生教育		当該作業に配置する際および必要に応じ、腰痛予防等の労働衛生教育を行っているか。

（加部勇「腰痛」『安全衛生のひろば』51(8). 中央労働災害防止協会. 2010. より引用）

② 重筋負荷作業の職場巡視

　工場では、重量物の部品や材料、製品等を取り扱うことがあります。このような重量物取扱い作業では、腰痛などの筋骨格系の障害が発生する可能性があるため、その作業方法・作業内容をよく観察し、改善案を検討します。

ア　作業の概要

　一つ当たり20〜30kg程度の機械部品を、パレット上から1人の作業者が手作業で作業台に乗せていました。（図53）。作業台の上でグラインダー等を用いて研磨作業を行った後、パレット上に人力で戻します。発注元から指定されている製品なので重量も形状も変更することはできません。これまでずっと同様の方法での運搬が行われていたため、あまり注意されていませんでしたが、リスクアセスメントを実施し今回の提案につながりました。

イ　巡視時の確認事項

　本例では、表33のような確認を行いました。①②④は作業環境管理、③⑤⑥⑫は作業管理、⑦⑧⑨は健康管理、⑩は労働衛生教育、⑪は管理体制となります。

20〜30kgの
機械部品

パレット

一つ当たり20〜30kg
程度の機械部品を、パ
レット上から1人の作
業者が手作業で作業台
に乗せていた。

図53　重量物の運搬作業

表33　職場巡視時の確認事項

確認事項	確認事項に対する職場からの回答
① 機械部品の置き場所	工場建屋内床面のパレット上に置かれていた。
② 作業場の環境	屋内作業で空調があるため、暑熱・寒冷環境とはならない。
③ 作業頻度、作業時間	週5日、1日に1～2時間程度。
④ 作業環境測定	夏場にはWBGTの測定が行われていた。照度は600lx程度。
⑤ 運搬作業の方法	低い位置にあるパレット上の機械部品（20～30kg）を手で持ち上げて、作業台へ移していた。 加工終了後、再び人力でパレット上に戻していた。
⑥ 保護具の使用状況	腰部保護ベルトやコルセットは使用していなかった。
⑦ 作業者の体調等	軽い腰痛を自覚する作業者が数名いた。
⑧ 健康診断	腰痛のための健康診断は実施されていなかった。
⑨ 作業前後の体操	始業時の体操以外は行われていなかった。
⑩ 腰痛の労働衛生教育	実施されていなかった。
⑪ 作業の指揮・命令	生産予定の指示はあったが、作業台に乗せる際のルールは決まっていなかった。
⑫ 休憩室の利用方法	作業場の近くに休憩スペースがあった。

ウ　巡視時の指摘・指導事項（表34、図54）

　毎日実施されている作業であり、重量物の機械部品をパレットの高さから持ち上げ、また作業台からパレットに戻す作業で、置かれている状態や機械部品の形状から前傾姿勢を余儀なくされていました。リスクアセスメントでも高い点数がついていたため、以下のような改善案を提示しました。

・機械部品を作業台まで持ち上げる際に、クレーンを用いる。
・本質的改善ができるまでは、床面に近い位置に機械部品を置かず、前傾姿勢をとらずとも機械部品を移動させられるように、床面から80～120cmの位置に置く。そこから、高さ80～120cm程度の高さの台がある台車で作業台まで運搬できるとよい。
・やむを得ず低い位置の機械部品を持ち上げたり、下ろしたりする時には、片足を少し前に出し、膝を曲げ、腰を十分に降ろして荷を抱え、膝を伸ばして立ち上がる。
・作業前体操の他、業間の体操やストレッチを取り入れる。
・腰痛の労働衛生教育を定期的に実施する。

表34　リスクアセスメント表

危険有害要因	発生のおそれのある災害	現存リスク			対策の内容	改善後のリスクレベル			実施者（誰が）	改善期限	改善確認日
		ケガの重大性	ケガの可能性	危険度		ケガの重大性	ケガの可能性	危険度			
重量物挙上	前傾姿勢で製品を挙上した際に、災害性腰痛を発症する。	3 (1〜5)	3 (1〜4)	Ⅳ (Ⅰ〜Ⅴ)	P93 ウ 参照	3 (1〜5)	2 (1〜4)	Ⅲ (Ⅰ〜Ⅴ)	○○	○月○日	○月○日

図54　重筋負荷作業の改善案

やむを得ず持ち上げる際には、写真左のように腰だけを曲げて持ち上げるのではなく、
写真右のように膝を曲げ、腰を降ろして製品を持ち上げる。

エ　留意点

①　運搬用器具（図55、56）

　著しい負担のかかる作業を行わせる場合には、作業の全部または一部を自動化あるいは機械化し、労働者の負担を軽減することが望ましいですが、それが困難な場合には、適切な補助器具等を導入することを検討します。そのためには、有効な工学的補助機器についても知識、経験を積むように心がけましょう。

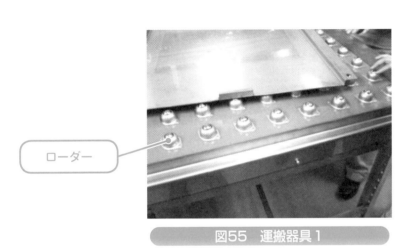

ローダー

図55　運搬器具1

ローダー付きの搬送テーブル。移動や方向転換が小さな力で可能となる。

ローラー　　　　　　　キャスター

図56　運搬器具2

写真左：荷物の運搬を補助するローラー付き搬送台。
写真右：キャスター付きラック。

② 重量物を置く高さ

工場内には、製品に限らず重たいものが床に置かれていることがあります。フォークリフトなどで搬送する場合は構いませんが、人が持ち上げたりする可能性がある場合には、80 〜 120cmの高さに重量物を置くことで、腰にかかる負担を減らすことができます。

③ 職場における腰痛予防対策指針

厚生労働省のホームページ内の「職場における腰痛予防の取組を！」では、職場における腰痛予防対策指針に関する情報が公開されており、参考資料の中には職場でのリスクアセスメントの例や推奨されるストレッチングの例が挙げられていますので、ぜひご参照ください。

厚生労働省：職場における腰痛予防の取組を！
https://www.mhlw.go.jp/stf/houdou/youtsuushishin.html

（大橋　秀晃）

Column 16
腰部保護ベルトとアシストスーツ

【腰部保護ベルト】

　腰部保護ベルトは、腹圧を高めて体幹を安定させる効果や骨盤補強効果、脊椎を安定させる効果などを期待して装着される場合が多いと思います。腰部保護ベルト着用の効果に関するエビデンスはかなり限られていますが、特に慢性腰痛症に対するメリットは乏しいことが示唆されています。長期間にわたって腰部保護ベルトを使用し続けることは推奨されず、作業現場で使用するにしても長時間の使用は避け、作業を絞って装着することが望ましいと考えられます。

　一方で、ぎっくり腰のような急性腰痛症を発症した際、痛みが強い時期に腰部保護ベルトを着用して疼痛を軽減し、日常生活動作を継続するというような短期間の着用は有用と考えられます。

　厚生労働省が平成6（1994）年に公表した「職場における腰痛予防対策指針」では、「腰部保護ベルトは、個人により効果が異なるため、一律に使用するのではなく、個人毎に効果を確認してから使用の適否を判断すること。」とされており、原則作業者ごとの判断が求められます。

　また、職場の重筋負荷作業現場において、予防的に腰部保護ベルトの着用を検討する職場もあるかと思いますが、あくまでも保護ベルトは暫定的な対策とし、作業環境の改善を進めて身体的負荷を軽減していくことが望ましいあり方です。

【アシストスーツ】

　アシストスーツは、作業現場における重量物挙上や屈み姿勢の反復の際に、作業者の身体的負担を軽減する目的で開発された製品です。身体に装着する際には、リュックサックのように背負うタイプが多いですが、サポータータイプもあり、荷重を受け止める外骨格が組み込まれている製品もあります。作業者をサポートする機構として、ゴム等の弾性体・空気圧・ガススプリングを利用するものやモーターで駆動するものもあります。

　これまでは腰にかかる負荷を軽減する製品が主流でしたが、近年では上肢をサポートする製品や下肢の負荷を軽減する製品も開発されており、対応する作業の幅も広がり、さまざまな産業現場で作業者の身体的負担の軽減が期待できます。数社がそれぞれに特徴のあるアシストスーツを製作・販売しており、おのおののアシストスーツごとに効果を発揮しやすい動作や運動があるため、導入する際には作業内容ごとで検討する必要があります。

　比較的導入が進んでいるのは介護、農業、運送業の現場ですが、製造業でも、作業環境改善の難しい現場などで活躍していく可能性があります。

（大橋　秀晃）

転倒災害防止のための職場巡視

① 基本事項とチェックリスト（表35）

　転倒災害は、休業4日以上の死傷災害となる労働災害全体の約4分の1を占める、大きな問題です。

　厚生労働省「人口動態調査」によれば、職業生活を含めた一般生活の中でも、転倒・転落で亡くなる方は交通事故で亡くなる方より多く、転倒防止は今や国民的課題と言えます。年間2万件以上の転倒災害が発生していますが、転倒災害の典型的なパターンは「滑り」「つまずき」「踏み外し」の3つで、いずれも些細な原因が大きな災害につながってしまいます。

　また、高年齢労働者の増加が進んでおり、休業4日以上の死傷災害となる労働災害において、60歳以上の労働者の占める割合は25.7％（令和3〈2021〉年）です。加齢により身体強度や運動機能が低下するため、転倒しやすく、わずかなつまずきであっても被災の重篤度が高まる傾向があります。おのおのが自身の身体的能力を過信しないことが重要であり、身体的能力の定期的なチェック等を行うことも有効です。

② 金属加工工場の職場巡視

　労働災害が発生した際には、災害の原因を究明し、対策を立て、類似災害を防止しなければなりません。産業保健スタッフも積極的に参加して、労働衛生の専門家として意見を述べましょう。

ア　災害発生状況

　本例は、金属の研削・加工を行う屋内作業場で、製品をパレット上から作業台に移す作業を実施していた際に、足を滑らせて転倒したものです（図57）。

イ　巡視時の確認事項

　本例のような災害の事例検討でも、労働衛生の専門家の立場で3管理を中心に確認しましょう（図58）。直接災害と関係がなくても、見落としがないようにチェックすることが望ましいです。表36の①②③が作業環境管理、④⑤⑥が作業管理、⑦⑧が健康管理、⑩は労働衛生教育、⑪が管理体制です。

表35　転倒災害防止のための職場巡視チェックリスト

管　理		チェックポイント
作業環境管理	設　備	解消可能な床面の凹凸、段差等はないか。
		段差のある箇所や滑りやすい場所等に、注意を促す標識を提示しているか。
		濡れやすい通路は、滑りにくい素材にしているか。
		通路、階段、出口に物を放置していないか。
		安全に移動できるように十分な明るさ（照度）が確保されているか。
		階段に手すりが設置されているか。
		扉の開く範囲を床面に表示し、視認性を高めて注意喚起しているか。
		死角の多い通路には衝突防止用のミラーを設置、貼付しているか。
	点　検	床の水たまりや氷、油、粉類等は放置せず、その都度取り除いているか。
		KY（危険予知）活動を定期的に実施しているか。
作業管理	作業方法	足元が見えにくい状態での作業はないか。
		ポケットに手を入れたまま歩くことを禁止しているか。
		階段昇降時は、手すりを持っているか。
	保護具	靴は滑りにくく、適切なサイズのものを選んでいるか。
	作業計画	時間に余裕を持って歩行、作業を行っているか。
健康管理	評　価	転倒等災害リスク評価セルフチェック等、定期的に体力を評価する機会があるか。
	日常の健康管理	ストレッチや転倒予防のための運動を取り入れているか。
		作業者は、適正な体重を維持しているか。
労 働 衛 生 教 育		転倒を予防するための教育を行っているか。
		転倒しやすい場所の危険マップを作成し、周知しているか。
管 理 体 制		日々の天候や気温による転倒リスク増加について、現場に周知する体制があるか。

製品を持ち上げる際にパレットから左足が滑り、バランスを崩して転倒した。

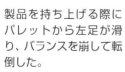
図57　転倒災害発生状況

表36　転倒災害防止のための職場巡視時の確認事項

確認事項	確認事項に対する職場からの回答
① 作業場の環境	屋内作業場であり、空調があるため温度は適切に保たれていた。
② 床面の状態	作業の際に切削液（せっさく）を使用するが、床にこぼれた場合にはウエスで拭き取るようにされていた。
③ 作業頻度、作業時間	週5日、1日に1〜2時間程度。
④ 作業環境測定	照度は600lx程度であり、夏季には温湿度、WBGT値が測定されていたが、冬季には測定されていない。
⑤ 運搬作業の方法	パレット上の製品（20〜30kg）を手で持ち上げて、作業台へ移そうとしていた。
⑥ 保護具の使用状況	軍手、安全靴を着用しており、靴は足に合ったサイズのものを着用していた。
⑦ 作業者の体調等	被災者の作業前の体調は、平常通り良好であった。
⑧ 健康診断	被災者には、健診において指摘されるような所見はなかった。
⑨ 作業前後の体操	始業前のラジオ体操が実施されていた。
⑩ 転倒予防の労働衛生教育	行われていない。
⑪ 作業の指揮・命令	生産予定の指示はあったが、作業台に乗せる際のルールは決まっていなかった。

【転倒災害発生前】　　　　　　　　　　　【転倒災害発生後】

図58　転倒災害被災後の確認作業

被災後に確認すると、作業台に乗せる際のルールは決まっておらず、
転倒災害防止のための労働衛生教育も行われていなかった。

ウ　巡視時の指導事項

> 　転倒災害の発生頻度は少ないものの、従業員の高齢化が進んでおり、より重大な災害を招く可能性もあるため、次のような指導を行いました。
> ・パレットの端など不安定な場所で作業を行うことは避ける。
> ・重量のある製品を扱う際にはクレーンやリフター等を用いる。
> ・管理監督者は、転倒災害の危険性について作業者に教育し、類似の災害が起こらないように指示、監督する。
> ・転倒に関する安全衛生教育を定期的に実施する。

エ　留意点

①　通路確保のライン（図59）

　工場の敷地内に、歩行者のための安全通路を明示する目的や、資材置き場を明示する目的でラインが引かれている場合があります。ルールとして設定されている以上はラインを遵守し、通路確保のラインを越えて資材を置かない等の指導が必要となります。

図59　通路確保のライン

通路確保のラインをまたいで資材が置かれてしまっている。
白線を越えて荷物を置かないよう指導する必要がある。

② 段差等があり転倒リスクの高い場所（図60）

　段差を解消する、もしくはスロープを設置する等で転倒リスクを低減することが望ましいですが、根本的な改善までには時間がかかることが多いので、暫定的な措置として、段差周辺に色をつけて視認性をよくする、注意喚起の掲示を行うといった手法で事故の発生可能性を下げる対策も有用です（図61）。

出入口を室内から見ると、そこまで段差は目立たないが、外から見ると15cm程度の段差が①②の2つあることが分かる。

図60　段差等があり転倒リスクが高い場所

「足元注意！」の表示

暫定的な対策として、足元注意の表示がなされたが、対策としては大きく改善の余地がある。床面にトラテープを貼る等も視認性を高める上で有効。

図61　転倒事故発生の可能性を下げる対策

③ コード類

　さまざまなコード類を床にはわせていると、歩行時につまずいて転倒する危険性があり、またコードの太さや形状によっては、足が乗った際に捻挫したり骨折したりすることがあります（図62）。コードが床をはわないようにすることが理想ですが、難しい場合にはカバーをかける、通路を避けた位置を通す、分かりやすい色のテープや床ステッカーで注意喚起をするなどの対策で事故の発生可能性を下げることが大切です。

（大橋　秀晃）

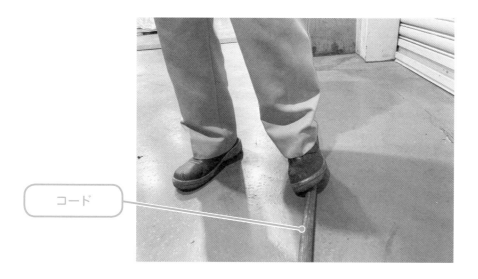

コード

図62　床にはわせたコード

コードの形状・太さによっては、勢いよく踏むと中足骨を骨折することもある。

5 感染症拡大防止のための職場巡視

1 基本事項とチェックリスト（表37）

　新型コロナウイルス感染症（以下、COVID-19）の感染防護および職場での感染拡大防止は、労働者の健康確保の面はもちろんのこと、会社の事業を継続していくという面でも非常に重要です。

　工場の中にも感染リスクが高まる場面は存在するため、適切な感染拡大防止策を実行し、クラスター発生を防ぐことが重要です。

　厚生労働省の「職場における新型コロナウイルス感染症対策実施のため～取組の5つのポイント～を確認しましょう！」では、職場での取組として以下の5つのポイントが挙げられています。それぞれの事業場においても、これらのポイントを中心に感染拡大防止策を展開することが求められています。

【取組の5つのポイント】
① テレワーク・時差出勤等を推進する
② 体調がすぐれない人が気兼ねなく休めるルールを定め、実行できる雰囲気を作る
③ 職員間の距離確保、定期的な換気、仕切り、マスク徹底など、密にならない工夫をする
④ 休憩所、更衣室などの"場の切り替わり"や、飲食の場など、「感染リスクが高まる『5つの場面』」での対策・呼びかけを行う
⑤ 手洗いや手指消毒、咳エチケット、複数人が触る箇所の消毒など、感染防止のための基本的な対策を行う

　また、特に産業医や産業看護職といった事業場の産業保健職には、感染拡大防止の観点から以下の役割が期待されます。

（1）感染予防対策に関する事業場内体制の構築に関する事業者への助言

　感染予防対策の基本方針や行動指針の策定、感染予防対策体制の構築や運用に関する支援を行う。

（2）医学情報の収集と職場への情報提供

　政府、国内外の各機関からの最新情報を収集し、事業者および従業員に提供する。

（3）感染予防対策に関する医学的妥当性の検討と助言

　医学的有効性と実行可能性を検討し、危機管理に対応できるための助言・調整等を行う。

（4）感染予防対策および管理方法に関する教育・訓練の検討と調整

　教育・訓練を実施し、感染予防活動の実施および適切な感染管理を行う。

（5）事業継続を支援する観点での継続的な感染予防対策の検討と助言

業務に伴う感染リスクを考慮した具体的な感染予防対策への助言・調整等を行う。

（6）従業員の健康状態に合わせた配慮の検討と実施

基礎疾患やハイリスクのある従業員を把握し、事前に必要な配慮を検討しておく。

（7）事業場に感染者（疑い例含む）が出た場合の対応

感染者への対応、二次感染の防止（職場内の接触者調査を含む）に関する助言・調整等を行う。

（8）従業員のメンタルヘルスや差別防止への配慮

不適切な対応や差別を防ぎ従業員の不安やストレスの軽減に関する助言・調整等を行う。

（9）措置の強化や緩和に関する医学的妥当性の検討と助言

措置の強化や緩和の過程において、感染予防に対応できるための助言・調整等を行う。

Column 17
BCP（事業継続計画）

　BCP（Business Continuity Plan：事業継続計画）とは、企業が自然災害、大火災、テロ攻撃などの緊急事態に遭遇した場合において、事業資産の損害を最小限にとどめつつ、中核となる事業の継続あるいは早期復旧を可能とするために、平常時に行うべき活動や緊急時における事業継続のための方法、手段などを取り決めておく計画[18]のことです。COVID-19の拡大により、多くの企業がBCPの策定や見直し作業に追われました。

　企業内でのBCP策定において、産業保健スタッフが責任者となることは少ないと思いますが、策定に当たって意見を求められる機会は多いです。BCPにおいては、最終意思決定者に素早く、正確な情報が集まる仕組みづくりが重要となります。企業の体制にもよりますが、特にパンデミックのような緊急事態の場合には、産業保健スタッフが感染性微生物およびその感染症について正確な情報を収集したり、企業内での感染状況等を把握・評価したりして意思決定者と共有する必要があります。

　BCP策定時に産業保健スタッフとして意見を求められた場合には、内・外の情報が意思決定者に集約されていく流れの中で、どの位置に産業保健スタッフが関わることになっているのか、まずは確認することが大切です。

（大橋　秀晃）

表37　製造業における新型コロナウイルス感染症(COVID-19)予防対策チェックリスト

分　類	確認項目
製造業現場に即した対策	製造現場において、感染者発生時を想定した濃厚接触範囲および影響範囲のシミュレーションを行っている。
	感染者が出た場合でも同一製造ライン従事者全員が濃厚接触者にならないための工夫ができている。
	製造ラインの復旧可否判断の方法が規定されている。
	密集や密接が避けられない現場作業（運転室や控室含む）の特定とリスク低減対策を定めている。
	感染リスクを減らすため、作業現場での適切なマスク着用ルールを定めて従業員に周知している。
	防じんマスクや防毒マスク等の呼吸用保護具は飛沫吸入防止としても有効であり、使用すべき場面では不織布マスク等ではなく呼吸用保護具を用いることを徹底し、新型コロナウイルスを意識した保護具保管方法を従業員に周知している。
	製造現場における共用備品・治具等の清潔確保に努めている。
製造現場以外（事務室等）での対策	執務室等の換気については、機械換気の確認あるいは、1時間に2回以上の換気（2カ所以上の開放が望ましい）ができている。
	執務中の従業員同士の距離は2mが確保されるように設定され、確保できない場合は常時マスク着用の徹底がされている。
	朝礼・点呼・ミーティング・会議等は全員マスク着用の上で参加人数を絞って行い、事後の部屋の換気とテーブル等の消毒を行っている。
	エレベーター内の人数は定員の半分程度を目標とし、乗車の待ち時間も含めて全員マスク着用と会話を控えることを要請している（ただし乗車前の待ち行列のリスクとの勘案）。
	マスクを外せる休憩場所ではマスクなしの会話は禁止とし、歯磨きやうがいの際は周囲に水滴や飛沫をまき散らさないよう従業員に要請している。
	食堂や更衣室では同時利用人数の制限を行い、換気や対人距離確保およびマスクを外す際のルールを決めて従業員に周知している。
	喫煙室はできる限り閉鎖を検討し、閉鎖困難の場合は屋外の開放空間に喫煙所を設け、喫煙所内では会話や飲食を禁止し、適切な対人距離を保つために利用人数制限を行っている。
	寮は食堂や共用施設部分で濃厚接触になりやすい点に留意して感染予防策の策定を行い、寮で感染者が発生した場合の対応についてシミュレーションし、関係部署との連携を確認してある。

（公益社団法人日本産業衛生学会「製造業における新型コロナウイルス感染予防・対策マニュアル」より抜粋）

② 食堂の職場巡視

COVID-19 のように、飛沫・エアロゾル（飛沫よりさらに小さな水分を含んだ状態の粒子）の吸入が主要感染経路と考えられる感染症では、マスクを外す状況は特に感染リスクの高い場面と言えます。一定の時間に人が集まりやすく、さまざまな部署の労働者が入り乱れる食堂は、特に注意が必要な場面です。

ア　食堂の概要（図 63）

本例は工場の敷地内にある食堂の一つです。COVID-19 の拡大前には、1,000 人以上の労働者が 45 分の昼休憩の間に食事を摂っていたため、隣の席との間隔もほとんど取れない状態でした。今回の巡視では、COVID-19 対策が実施された状態の食堂を見ていきます。

イ　巡視時の確認事項

本例では、その場で表 38 のような事項を確認しました。

45分の昼休憩時、COVID-19 拡大前には1,000人以上の労働者が食堂を利用していた。

図63　工場敷地内の食堂

表38　感染症拡大防止のための巡視時の確認事項

確認事項	確認事項に対する職場からの回答
① 利用人数	1,000 人以上。
② 利用時間	従業員を 4 グループに分け、15 分ずつ休憩時間をずらしている。
③ 換気の状態	全体換気。
④ 利用者の間隔	アクリル板の無い部分では、2m 程度。
⑤ 会話・発声	食事中には会話をしないルールとなっている。
⑥ 遮蔽物の設置	対面に人が座ることはないが、はす向かいに座ることはあり、机の真ん中にアクリル板が設置されている。アクリル板を設置していない机では、皆が同じ向きになるように片側にのみ椅子を配置している。
⑦ 手指消毒	入り口に手指消毒薬を設置している。
⑧ マスク	飲食をしている時以外は、マスク着用が義務付けられている。
⑨ 消毒	机を拭くための消毒液と使い捨てのペーパータオルが、各机に設置されている。

会話禁止の掲示はされているが、
消毒方法の掲示がない。

図64　食堂の感染症予防対策

ウ　巡視時の指導事項（図64）

　COVID-19拡大防止の観点から、さまざまな対策が既に実施されていました。事業所全体としてテレワークやローテーション勤務にも取り組んでいますが、そのような勤務が難しい部署も多く、食堂の利用者は決して少なくない状態でしたので、次のような指導を行いました。

> ・消毒液とペーパータオルは設置されているが、どのような場合に机を消毒すべきなのかが掲示されていない。そのため、どんな場合に消毒すべきかを定めて掲示を行うこと。
> ・設定されているルールや掲示に関して、実際にどこまで対応されているかを確認することが必要。実効性がない場合には、掲示の仕方や周知の仕方を見直し、実効性を高めていくこと。

エ　留意点

①　喫煙所（図65）

　喫煙時はマスクを外し必ず口元に手を持っていくため、感染予防の観点からは喫煙所の閉鎖が望ましいところです。しかしながら、諸般の事情により閉鎖が難しい場合には、マスクを外した状態で会話をしないこと、人との距離を2m以上取ること、喫煙所の換気に注意が必要です。喫煙所のスペースは限られているので、間隔を空けるためには同時に吸える人数を制限せざるを得ない場合が多いですし、休憩時間も限られているため、特定の時間に人数が集中しないよう、休憩時間をずらすことも有効と考えられます。

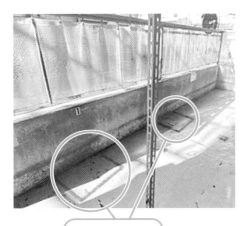
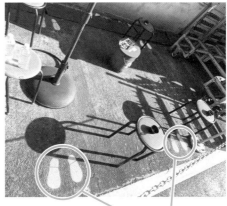

四角の枠線　　　　　　　　フットプリント

図65　喫煙スペースの感染症予防対策

写真左：地面に描いた四角の枠線内で喫煙するルール。
写真右：喫煙スペースでは地面のフットプリントの位置で喫煙するルール。
　　　　いずれも人と人とのディスタンスを取るための工夫。

足踏み式
消毒液スタンド

手洗いを
励行する掲示

手洗い場

図66　手指衛生

写真左：足踏み式消毒液スタンド。消毒前の手でノズルをプッシュする必要がないため、
　　　　接触感染のリスクを低減できる。
写真右：手洗い場と手洗いを励行する掲示。温水も出せるタイプだと、冬季に水で手を
　　　　洗うことへのハードルがグッと下がると思われる。

②　手指衛生（図66）

　正しい手洗い方法の教育・啓発も重要です。手指衛生というとアルコール消毒を思い浮かべるかもしれませんが、石けんによる十分な手洗いができていれば、追加でのアルコール消毒は必須ではありません。手洗い後に手を拭くタオルは共有せず、ペーパータオルの設置、あるいは個人用ハンカチ携帯を徹底し、洗った手指を十分乾燥させることが大切です。

③ ディスタンシング（図 67）

　会話や咳によって飛沫が飛散する距離を考慮すると、できれば 2 m、最低でも 1 m のディスタンスを取ることが望ましいとされています。毎回距離を測らなくとも、自然とディスタンスが取れるようにするために、床にフットプリントの印を付けたり、座ってよい座席を掲示したりすることが有効です。

④ 共有物品の消毒（図 68）

　不特定多数の従業員が使う物品については、定期的な消毒を行うことが望ましいです。できれば、どのタイミングで消毒を実施するかあらかじめ定めておき、実施した際に記録を残すようにするとよいでしょう。

⑤ 事務所の防護（図 69）

　おのおのの座席が、対面で配置されている事務所も多いかと思います。皆の座席が同じ向きになるようにレイアウトできることが理想ですが、スペースや業務効率の問題から難しい場合もあるかと思います。そのような場合、各人のマスク着用に加えて、アクリル板等による遮蔽は飛沫感染対策として有効と考えられます。

　椅子に座って作業を行う一般的な事務所では、パーテーションを設置する際、床から 140cm（身長 170cm の人が椅子に座った状態で額から頭頂部くらいの高さ）以上の高さが望ましいとされます。

　これは、異なる高さのパーテーションを比較したシミュレーションにおいて、120cm と 140cm では 140cm の方が咳やくしゃみ等の飛沫感染リスクを大きく低減するが、140cm と 160cm ではリスクがあまり変わらないという結果が得られたためです。

　ただし、室内全体を見た場合には、パーテーションを設置することにより、局所的に換気の悪い場所ができやすくなるというシミュレーション結果も示されているため[19]、パーテーションを高くし過ぎることは、かえってエアロゾル感染リスクを上げてしまう可能性があります。そのため、作業者の身長や椅子の高さによって調節する必要はありますが、パーテーションの高さとして 140cm というのが、一つの目安になると考えられます。

（大橋　秀晃）

座ってもよい席の掲示

座席利用時の
留意点の掲示

席の間に掲示物を置くなど、自然
にディスタンスが取れるような
工夫をしていた。

図67　ディスタンシング

ドアノブ

消毒液

テーブル

図68　共有物品の消毒

定期的に消毒を行い、消毒の記録を残すようにすることが望ましい。

パーテーション

パーテーション

140cm

飛沫感染リスクを低減す
るには、パーテーションの
高さは床から140cmが目
安になると考えられる。

図69　事務所の防護

Ⅳ 職場巡視後の事後措置

　職場巡視は実施しただけでは不十分です。巡視後の事後措置としてどのような対応が行われるかが重要です。

　職場巡視を実施した後の具体的な対応として、以下、①〜③などが挙げられます。

【職場巡視後の対応】
　①　職場巡視直後の検討会
　　　職場責任者、管理監督者、安全衛生担当者、産業医らとの話し合い
　②　職場巡視報告書の作成
　③　安全衛生委員会での報告

1 職場巡視直後の検討会

　確認巡視の後に、気づいた点や改善を要する事項について、職場責任者、管理監督者、安全衛生担当者、産業医等、巡視の同行メンバーらと話し合いを行います。評価が食い違っている内容については、なぜそうなったのかを注意深く検討してみます。

〈検討事項〉
　①　全体としての印象
　②　よい取組・対応
　　　指摘する課題と同数以上のよい取組を見つけるようにします。
　　　例）前回巡視の指摘事項を改善していた場合に、対応いただいた点を良好事例としてコメントする。
　③　すぐに取り組める課題・緊急を要する課題
　　　例）マスクや耳栓、保護めがねなどを持っているが使用していなかった。
　　　　　指定されている用具を使うべきところで使っていない。
　④　比較的短期間で取り組むことが可能な内容
　　　例）物品の持ち運び方、作業での器具の支持の仕方を安全な方法に変更。
　⑤　設備改修を必要とする改善
　　　例）重量物の取扱いをサポートする器具の導入や作業場のレイアウトの変更。

　これらは、改善や実施にかかる時間や費用、難易度の異なる事項が含まれています。緊急性・重大性に加えて、技術的・経済的側面等を考慮して、「誰が」「いつまでに」「どのように」取り組んでいくか、おおまかな計画を話し合います。

産業医が意見を述べる際は、一方的な問題点の指摘にならないようにし、検討会メンバー全員で職場を改善していこうという姿勢で意見を述べるようにしましょう。その中で、産業医の立場から、緊急性・重大性・健康リスクを踏まえて対策を提言・説明することが重要です。

2 職場巡視報告書の作成

　職場巡視後には検討会を行い、改善する事項について話し合いますが、職場巡視報告書では、文章でその内容を記録します。検討会の結果と、具体的な対策について職場の対応を記入するなど、使いやすく有機的な連携のもとになるような形式をとるとよいでしょう。職場責任者や管理監督者、安全衛生担当者、産業医が確認するので、事業場内に周知する意味でも非常に重要です。また、衛生上の問題を解決するだけではなく、衛生管理者や産業医が法で定められた安全衛生活動を確実に実施しているかを証明する書類の一つです。

　職場巡視報告書は、通常翌日（少なくとも2〜3操業日以内）には職場責任者へ提出するように心がけましょう。巡視者や事業場の方針に従って作成します。筆者が実際に作成した巡視報告書の例を図70に示します。「良好事例・対応」「指摘・指導事項」の欄までを巡視者が記載し、「改善内容」「コメント」は巡視職場の担当者が回答します。筆者はできるだけシンプルに分かりやすいものを心がけています。デジタルカメラやスマートフォン、タブレット等で撮影した写真を貼り付けることで、問題点と改善内容が把握できます。さらに、この記録をデータベース化することで、同じような事項の指摘や他の職場の改善事例の水平展開、などにも役立ちます。

　ただし、撮影に当たっては、機密保持の観点からも事前に総務部門等事業所側の了承を得たり、都度、職場の管理者の了承を得ることが必要です。また、場合によっては衛生管理者にカメラを携行してもらうのもよいでしょう。

　また、筆者は職場巡視直後の検討会で行ったように、報告書でも指摘事項と同じ数だけ「褒める」ことを意識しています。要改善事項のみを記載するのではなく、改善済みの事項を指摘したり、自主的な改善活動を行った良好事項を指摘したりすると、どのように職場改善がなされたかの記録にも役立ちます。

　報告書は図70の例のように回覧先をあらかじめ決めておき、関係者と確実に共有できるようにしましょう。

産業医 → 衛生管理者 → 現場責任者 → 所長 → 事務局

産業医職場巡視報告書

記録：○○衛生管理者

日時：　　　○○○○年○月○日（○）　○○：○○−○○：○○
天候：　　　曇り
巡視場所：　○○工場○○職場
巡視者：　　○○衛生管理者、○○保健師、○○産業医
対応者：　　○○課長、○○職長　等

良好事例・対応	コメント	回答日	対応者	対応日
1．棚ごとに最大積載重量を明記している。 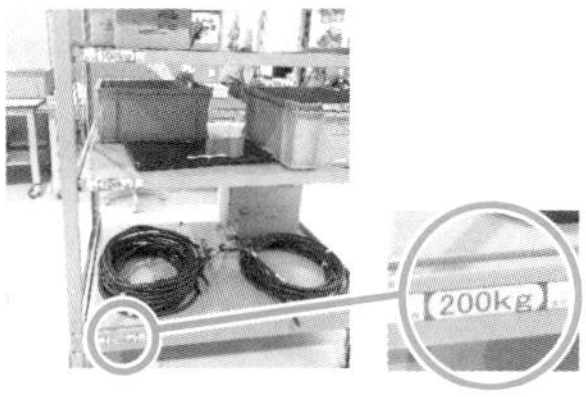	引き続き、よりよい職場づくりに向けて取組を行う。	10月1日	鈴木	10月1日
2．前回指摘事項であった未掲示課題に対応いただいたことを確認した。 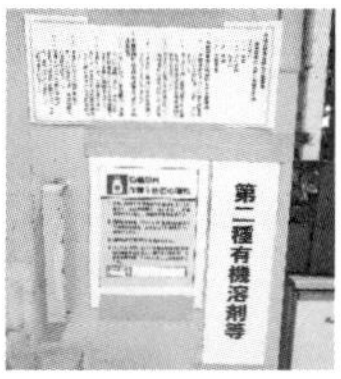	引き続き、管理の徹底を行う。	10月1日	高橋	10月1日

指摘・指導事項	改善内容	回答日	対応者	対応日
1．溶剤保管庫は使用時以外施錠すること。 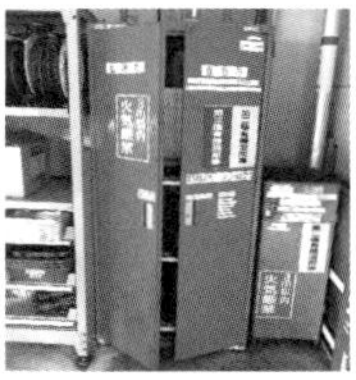	施錠管理を徹底し、管理者を記載。 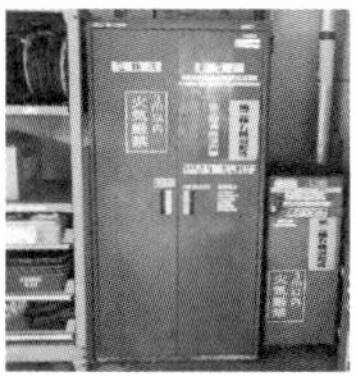	10月2日	田中	10月3日
2．内容物詳細不明の容器。具体的な内容物が分かるように表示すること。 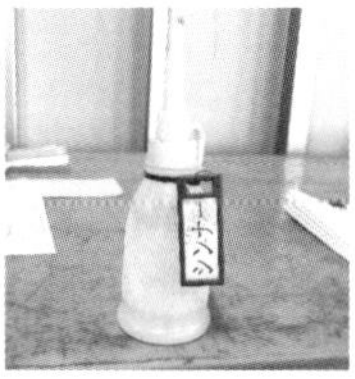	全ての詰め替えボトルに品名・成分名・GHS ラベル表示。 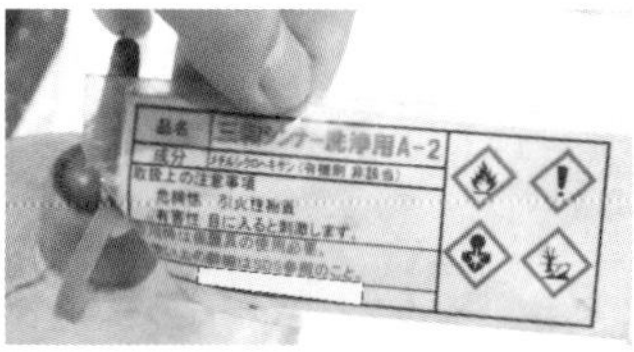	10月3日	佐藤	10月4日

図70　産業医職場巡視報告書（例）

巡視者別の職場巡視

　職場巡視の結果は、巡視対象となった職場だけではなく、事業場全体で利用しましょう。事業場内で同じような指摘・指導や改善が行われていることがあります。安全衛生上の問題やその対処方法を共有するために、安全衛生委員会で報告することは大きな意味があると言えます。

　また、巡視結果に基づき改善した事例について、改善の作業環境測定結果や作業者への負担の軽減なども紹介してもらいましょう。さらに、巡視時の指摘事項だけでなく良好事例についても報告することで、職場の安全管理・衛生管理に対するモチベーション向上につながります。

　内容は、単に結果だけではなく、職場でどのような対策を講じたか、今後の改善計画などについても報告してもらいます。短期的な改善が難しい事項は、その後の追跡項目とし、次回以降の職場巡視や安全衛生委員会で定期フォローを行います。担当の事業場単独で改善することが困難な事例に対しては、安全衛生委員会で審議を行い、会社全体で対策を検討する方向へつなげるとよいでしょう。

　改善対策を行ったところは、必ず次回の職場巡視で確認することが必要です。改善点を評価すると同時に、次の課題を洗い出し、さらなる改善へとつなげることで、継続的に PDCA サイクルを回していく活動を行うことができます。こうした定期的な確認、指導、改善報告といったフォローを続けることで、職場・衛生管理者・産業医の信頼関係構築につながり、より効果的な産業保健活動の推進が期待できるようになります。

（神出　学）

Column 18
PDCAサイクル

　PDCA サイクルは、Plan（計画）、Do（実行）、Check（評価）、Action（改善）の頭文字を取ったもので、この 4 つのフェーズを繰り返すことで継続的に物事を改善していくフレームワークです。事業場の安全衛生管理においても、PDCA サイクルという一連の過程を定め活動を実施・継続することで、安全衛生水準の継続的な向上が図れると考えられています。労働安全衛生目標を定め、それを達成するための計画（P）を策定し、実行（D）します。計画を実行したら、その結果を労働安全衛生目標と照らし合わせてどの程度達成できたか評価（C）します。そして評価に基づき、改善点の抽出や新たに発覚したリスク等について予防を行い（A）、さらに計画（P）へと反映していきます。

（神出　学）

Column 19
見せたくないものを見せない職場

　職場巡視の際、安全基準を十分満たしていない部分や改善に大きなコストのかかる部分などを現場側が意識的であれ、無意識的であれ、産業医に見せない場合があります。産業医から要望がないので当該エリアに立ち入らない、または早めに切り上げることで、結果的に十分な巡視が実施されないこともあります。職場にとっては他に優先したい課題や巡視エリアがあるのでしょうし、職場が解決したいと思っている課題に産業医も協力することが基本です。しかしながら、必ずしも職場「が」優先しているものと職場「に」優先されるべきものが一致するとは限りません。その意味でも、産業医が第三者的な目線で巡視を実施することは非常に意義があります。ただし、産業医が一方的に職場を指導するのが職場巡視というイメージで捉えられると、職場側と産業医の対立的な構図ができてしまいます。そうなると、これを見せれば叱られるから見せないでおこう、となってしまう可能性が生まれます。

　一方で、職場と産業医が同じ側に立ち、安全衛生のレベル向上をさまたげる要因と対峙する構図を描ければ、職場側と産業医は同志となり、安全衛生上まずいと思っている部分についても相談しやすくなります。そのような環境をつくるには、それまでに産業医がどのような活動を行い、職場からの信頼を得ているかが重要なポイントとなります。産業医は事業者側でも労働者側でもなく中立な立場とされますが、職場改善に関しては一緒に知恵を絞る協力者でもあるという認識を職場に持ってもらえれば、職場巡視がより有意義なものになります。

（大橋　秀晃）

資料編

資料1　労働安全衛生法（抄）

○労働安全衛生法（抄）

（昭和47年6月8日）

（法律第57号）

（衛生管理者）

第12条　事業者は、政令で定める規模の事業場ごとに、都道府県労働局長の免許を受けた者その他厚生労働省令で定める資格を有する者のうちから、厚生労働省令で定めるところにより、当該事業場の業務の区分に応じて、衛生管理者を選任し、その者に第10条第1項各号の業務（第25条の2第2項の規定により技術的事項を管理する者を選任した場合においては、同条第1項各号の措置に該当するものを除く。）のうち衛生に係る技術的事項を管理させなければならない。

（昭52法76・昭55法78・平5法89・平11法87・平11法160・一部改正）

[第10条第1項各号の業務]
　一　労働者の危険又は健康障害を防止するための措置に関すること。
　二　労働者の安全又は衛生のための教育の実施に関すること。
　三　健康診断の実施その他健康の保持増進のための措置に関すること。
　四　労働災害の原因の調査及び再発防止対策に関すること。
　五　前各号に掲げるもののほか、労働災害を防止するため必要な業務で、厚生労働省令で定めるもの
[上記第5号に基づく業務：労働安全衛生規則第3条の2]
　一　安全衛生に関する方針の表明に関すること。
　二　法第28条の2第1項又は第57条の3第1項及び第2項の危険性又は有害性等の調査及びその結果に基づき講ずる措置に関すること。
　三　安全衛生に関する計画の作成、実施、評価及び改善に関すること。

（安全衛生推進者等）

第12条の2　事業者は、第11条第1項の事業場及び前条第1項の事業場以外の事業場で、厚生労働省令で定める規模のものごとに、厚生労働省令で定めるところにより、安全衛生推進者（第11条第1項の政令で定める業種以外の業種の事業場にあつては、衛生推進者）を選任し、その者に第10条第1項各号の業務（第25条の2第2項の規定により技術的事項を管理する者を選任した場合においては、同条第1項各号の措置に該当するものを除くものとし、第11条第1項の政令で定める業種以外の業種の事業場にあつては、衛生に係る業務に限る。）を担当させなければならない。

（昭63法37・追加、平11法160・一部改正）

（産業医等）

第13条　事業者は、政令で定める規模の事業場ごとに、厚生労働省令で定めるところにより、医師のうちから産業医を選任し、その者に労働者の健康管理その他の厚生労働省令で定める事項（以下「労働者の健康管理等」という。）を行わせなければならない。

2　産業医は、労働者の健康管理等を行うのに必要な医学に関する知識について厚生労働省令で定める要件を備えた者でなければならない。

3　産業医は、労働者の健康管理等を行うのに必要な医学に関する知識に基づいて、誠実にその職務を行わなければならない。

4　産業医を選任した事業者は、産業医に対し、厚生労働省令で定めるところにより、労働者の労働時間に関する情報その他の産業医が労働者の健康管理等を適切に行うために必要な情報として厚生労働省令で定めるものを提供しなければならない。

5　産業医は、労働者の健康を確保するため必要があると認めるときは、事業者に対し、労働者の健康管理等について必要な勧告をすることができる。この場合において、事業者は、当該勧告を尊重しなければならない。

6　事業者は、前項の勧告を受けたときは、厚生労働省令で定めるところにより、当該勧告の内容その他の厚生労働省令で定める事項を衛生委員会又は安全衛生委員会に報告しなければならない。
（平8法89・平11法160・平30法71・一部改正）

第13条の2　事業者は、前条第1項の事業場以外の事業場については、労働者の健康管理等を行うのに必要な医学に関する知識を有する医師その他厚生労働省令で定める者に労働者の健康管理等の全部又は一部を行わせるように努めなければならない。
（平8法89・追加、平11法160・平30法71・一部改正）

（事業者の講ずべき措置等）

第20条　事業者は、次の危険を防止するため必要な措置を講じなければならない。

一　機械、器具その他の設備（以下「機械等」という。）による危険

二　爆発性の物、発火性の物、引火性の物等による危険

三　電気、熱その他のエネルギーによる危険

第21条　事業者は、掘削、採石、荷役、伐木等の業務における作業方法から生ずる危険を防止するため必要な措置を講じなければならない。

2　事業者は、労働者が墜落するおそれのある場所、土砂等が崩壊するおそれのある場所等に係る危険を防止するため必要な措置を講じなければならない。

第22条　事業者は、次の健康障害を防止するため必要な措置を講じなければならない。

一　原材料、ガス、蒸気、粉じん、酸素欠乏空気、病原体等による健康障害

二　放射線、高温、低温、超音波、騒音、振動、異常気圧等による健康障害

三　計器監視、精密工作等の作業による健康障害

四　排気、排液又は残さい物による健康障害

第23条　事業者は、労働者を就業させる建設物その他の作業場について、通路、床面、階段等の保全並びに換気、採光、照明、保温、防湿、休養、避難及び清潔に必要な措置その他労働者の健康、風紀及び生命の保持のため必要な措置を講じなければならない。

第24条　事業者は、労働者の作業行動から生ずる労働災害を防止するため必要な措置を講じなければならない。

第25条　事業者は、労働災害発生の急迫した危険があるときは、直ちに作業を中止し、労働者を作業場から退避させる等必要な措置を講じなければならない。

○労働安全衛生規則（抄）

（昭和 47 年 9 月 30 日）
（労働省令第 32 号）

第一編　通則
（衛生管理者の定期巡視及び権限の付与）

第 11 条　衛生管理者は、少なくとも毎週 1 回作業場等を巡視し、設備、作業方法又は衛生状態に有害のおそれがあるときは、直ちに、労働者の健康障害を防止するため必要な措置を講じなければならない。

2　事業者は、衛生管理者に対し、衛生に関する措置をなし得る権限を与えなければならない。

第 14 条　法第 13 条第 1 項の厚生労働省令で定める事項は、次に掲げる事項で医学に関する専門的知識を必要とするものとする。

　一　健康診断の実施及びその結果に基づく労働者の健康を保持するための措置に関すること。

　二　法第 66 条の 8 第 1 項、第 66 条の 8 の 2 第 1 項及び第 66 条の 8 の 4 第 1 項に規定する面接指導並びに法第 66 条の 9 に規定する必要な措置の実施並びにこれらの結果に基づく労働者の健康を保持するための措置に関すること。

　三　法第 66 条の 10 第 1 項に規定する心理的な負担の程度を把握するための検査の実施並びに同条第 3 項に規定する面接指導の実施及びその結果に基づく労働者の健康を保持するための措置に関すること。

　四　作業環境の維持管理に関すること。

　五　作業の管理に関すること。

　六　前各号に掲げるもののほか、労働者の健康管理に関すること。

　七　健康教育、健康相談その他労働者の健康の保持増進を図るための措置に関すること。

　八　衛生教育に関すること。

　九　労働者の健康障害の原因の調査及び再発防止のための措置に関すること。

2　（略）

3　産業医は、第 1 項各号に掲げる事項について、総括安全衛生管理者に対して勧告し、又は衛生管理者に対して指導し、若しくは助言することができる。

4　事業者は、産業医が法第 13 条第 5 項の規定による勧告をしたこと又は前項の規定による勧告、指導若しくは助言をしたことを理由として、産業医に対し、解任その他不利益な取扱いをしないようにしなければならない。

5　事業者は、令第 22 条第 3 項の業務に常時 50 人以上の労働者を従事させる事業場については、第 1 項各号に掲げる事項のうち当該労働者の歯又はその支持組織に関する事項について、適時、歯科医師の意見を聴くようにしなければならない。

6　前項の事業場の労働者に対して法第 66 条第 3 項の健康診断を行なつた歯科医師は、当該事業場の事業者又は総括安全衛生管理者に対し、当該労働者の健康障害（歯又はその支持組織に関するものに限る。）を防止するため必要な事項を勧告することができる。

7　産業医は、労働者の健康管理等を行うために必要な医学に関する知識及び能力の維持向上に努めなければならない。

　（昭 63 労令 24・平 8 労令 35・平 12 労令 41・平 17 厚労令 47・平 18 厚労令 1・平 19 厚労令 43・平 21 厚労令 55・平 27 厚労令 94・平 30 厚労令 112・平 31 厚労令 29・一部改正）

（産業医の定期巡視）

第 15 条　産業医は、少なくとも毎月 1 回（産業医が、事業者から、毎月 1 回以上、次に掲げる情報の提供を受けている場合であつて、事業者の同意を得ているときは、少なくとも 2 月に 1 回）作業場等を巡視し、作業方法又は衛生状態に有害のおそれがあるときは、直ちに、労働者の健康障害を防止するため必要な措置を講じなければならない。

一　第 11 条第 1 項の規定により衛生管理者が行う巡視の結果
二　前号に掲げるもののほか、労働者の健康障害を防止し、又は労働者の健康を保持するために必要な情報であつて、衛生委員会又は安全衛生委員会における調査審議を経て事業者が産業医に提供することとしたもの
（平 29 厚労令 29・平 30 厚労令 112・一部改正）

（産業医を選任すべき事業場以外の事業場の労働者の健康管理等）
第 15 条の 2　法第 13 条の 2 第 1 項の厚生労働省令で定める者は、労働者の健康管理等を行うのに必要な知識を有する保健師とする。
2　事業者は、法第 13 条第 1 項の事業場以外の事業場について、法第 13 条の 2 第 1 項に規定する者に労働者の健康管理等の全部又は一部を行わせるに当たつては、労働者の健康管理等を行う同項に規定する医師の選任、国が法第 19 条の 3 に規定する援助として行う労働者の健康管理等に係る業務についての相談その他の必要な援助の事業の利用等に努めるものとする。

資料3 「労働安全衛生規則等の一部を改正する省令等の施行について」
（基発0531第9号 令和4年5月31日）の改正の趣旨及び概要

○労働安全衛生規則等の一部を改正する省令等の施行について」
（基発0531第9号 令和4年5月31日）の改正の趣旨及び概要

改 正 の 趣 旨
今般、国内で輸入、製造、使用されている化学物質は数万種類にのぼり、その中には、危険性や有害性が不明な物質が多く含まれる。さらに、化学物質による休業4日以上の労働災害（がん等の遅発性疾病を除く。）のうち、特定化学物質障害予防規則等の特別則の規制の対象となっていない物質を起因とするものが約8割を占めている。これらを踏まえ、従来、特別則による規制の対象となっていない物質への対策の強化を主眼とし、国によるばく露の上限となる基準等の制定、危険性・有害性に関する情報の伝達の仕組みの整備・拡充を前提として、事業者が、危険性・有害性の情報に基づくリスクアセスメントの結果に基づき、国の定める基準等の範囲内で、ばく露防止のために講ずべき措置を適切に実施する制度を導入することとしたところである。

改 正 省 令 の 概 要	
（1）事業場における化学物質の管理体制の強化	ア　化学物質管理者の選任 イ　保護具着用管理責任者の選任 ウ　雇入れ時等における化学物質等に係る教育の拡充
（2）化学物質の危険性・有害性に関する情報の伝達の強化	ア　SDS等による通知方法の柔軟化 イ　「人体に及ぼす作用」の定期確認及び「人体に及ぼす作用」についての記載内容の更新 ウ　SDS等における通知事項の追加及び成分含有量表示の適正化 エ　化学物質を事業場内において別容器等で保管する際の措置の強化
（3）リスクアセスメントに基づく自律的な化学物質管理の強化	ア　リスクアセスメントに係る記録の作成及び保存並びに労働者への周知 イ　化学物質による労働災害が発生した事業場等における化学物質管理の改善措置 ウ　リスクアセスメント対象物に係るばく露低減措置等の事業者の義務 エ　保護具の使用による皮膚等障害化学物質等への直接接触の防止
（4）衛生委員会の付議事項の追加	労働者がリスクアセスメント対象物にばく露される程度の低減措置等に関することを追加
（5）事業場におけるがんの発生の把握の強化	事業者は、化学物質又は化学物質を含有する製剤を製造し、又は取り扱う業務を行う事業場において、1年以内に2人以上の労働者が同種のがんに罹患したことを把握したときは、当該罹患が業務に起因するかどうかについて、遅滞なく、医師の意見を聴かなければならないこととし、当該医師が、当該がんへの罹患が業務に起因するものと疑われると判断したときは、遅滞なく、当該がんに罹患した労働者が取り扱った化学物質の名称等の事項について、所轄都道府県労働局長に報告しなければならないこと

（6）化学物質管理の水準が一定以上の事業場に対する個別規制の適用除外	専属の化学物質管理専門家が配置されていること等の一定の要件を満たすことを所轄都道府県労働局長が認定した事業場については、特化則等の規制対象物質を製造し、又は取り扱う業務等について、適用しないこと
（7）作業環境測定結果が第3管理区分の作業場に対する措置の強化	ア　作業環境測定の評価結果が第三管理区分に区分された場合の義務 イ　作業環境管理専門家が改善困難と判断した場合等の義務 ウ　作業環境測定の評価結果が改善するまでの間の義務 エ　記録の保存

資料4　その他の関係法令一覧

○その他の関係法令一覧

省令	有機溶剤中毒予防規則	昭和 47 年労働省令第 36 号
	鉛中毒予防規則	昭和 47 年労働省令第 37 号
	四アルキル鉛中毒予防規則	昭和 47 年労働省令第 38 号
	特定化学物質障害予防規則	昭和 47 年労働省令第 39 号
	高気圧作業安全衛生規則	昭和 47 年労働省令第 40 号
	電離放射線障害防止規則	昭和 47 年労働省令第 41 号
	酸素欠乏症等防止規則	昭和 47 年労働省令第 42 号
	事務所衛生基準規則	昭和 47 年労働省令第 43 号
	粉じん障害防止規則	昭和 54 年労働省令第 18 号
	石綿障害予防規則	平成 17 年厚生労働省令第 21 号
告示	有機溶剤等の量に乗ずべき数値	昭和 47 年労働省告示第 122 号
	有機溶剤中毒予防規則第 15 条の 2 第 2 項ただし書の規定に基づく厚生労働大臣が定める濃度	平成 9 年労働省告示第 20 号
	有機溶剤中毒予防規則第 16 条の 2 の規定に基づく厚生労働大臣が定める構造及び性能	平成 9 年労働省告示第 21 号
	有機溶剤中毒予防規則第 18 条第 3 項の規定に基づく厚生労働大臣が定める要件	平成 9 年労働省告示第 22 号
	有機溶剤中毒予防規則第 24 条第 1 項の規定により掲示すべき事項の内容及び掲示方法	昭和 47 年労働省告示第 123 号
	労働安全衛生法施行令別表第 4 第 6 号の規定に基づく厚生労働大臣が指定する物	昭和 47 年労働省告示第 91 号
	鉛中毒予防規則第 30 条の 2 の厚生労働大臣が定める構造及び性能	平成 15 年厚生労働省告示第 375 号
	鉛中毒予防規則第 32 条第 1 項の厚生労働大臣が定める要件	平成 15 年厚生労働省告示第 376 号
	特定化学物質障害予防規則の規定に基づく厚生労働大臣が定める性能	昭和 50 年労働省告示第 75 号
	特定化学物質障害予防規則第 7 条第 2 項第 4 号及び第 50 条第 1 項第 8 号ホの厚生労働大臣が定める要件	平成 15 年厚生労働省告示第 377 号
	特定化学物質障害予防規則第 8 条第 1 項の厚生労働大臣が定める要件	平成 15 年厚生労働省告示第 378 号

告示	金属アーク溶接等作業を継続して行う屋内作業場に係る溶接ヒュームの濃度の測定の方法等（溶接ヒュームの濃度の測定）	令和2年厚生労働省告示第286号
	電離放射線障害防止規則第3条第3項並びに第8条第5項及び第9条第2項の規定に基づく厚生労働大臣が定める限度及び方法	昭和63年労働省告示第93号
	粉じん障害防止規則第11条第1項第5号の規定に基づく厚生労働大臣が定める要件	昭和54年労働省告示第67号
	粉じん障害防止規則第11条第2項第4号の規定に基づく厚生労働大臣が定める要件	平成10年労働省告示第30号
	粉じん障害防止規則第12条第1項の規定に基づく厚生労働大臣が定める要件	平成10年労働省告示第31号
	粉じん障害防止規則第12条第2項において準用する同条第1項の規定に基づく厚生労働大臣が定める要件	平成10年労働省告示第32号
	石綿障害予防規則第16条第1項第4号の厚生労働大臣が定める性能	平成17年厚生労働省告示第129号
	石綿障害予防規則第16条第2項第3号の厚生労働大臣が定める要件	平成17年厚生労働省告示第130号
	石綿障害予防規則第17条第1項の厚生労働大臣が定める要件	平成17年厚生労働省告示第131号
	石綿障害予防規則第3条第4項の規定に基づき厚生労働大臣が定める者	令和2年厚生労働省告示第276号
	石綿障害予防規則第3条第6項の規定に基づき厚生労働大臣が定める者等	令和2年厚生労働省告示第277号
	石綿障害予防規則第4条の2第1項第3号の規定に基づき厚生労働大臣が定める物	令和2年厚生労働省告示第278号
	石綿障害予防規則第6条の2第2項の規定に基づき厚生労働大臣が定める物	令和2年厚生労働省告示第279号
	労働安全衛生法第28条第3項の規定に基づき厚生労働大臣が定める化学物質	平成3年労働省告示第57号 【改】令和2年2月7日付け健康障害を防止するための指針公示第27号
	防じんマスクの規格 　　他6件（労働衛生関係構造規格）	昭和63年労働省告示第19号 【改】平成30年厚生労働省告示第214号 　　他6件（労働衛生関係構造規格）
	化学物質等の危険性又は有害性等の表示又は通知等に関する指針	平成24年厚生労働省告示第133号
	労働安全衛生法第57条第1項第2号の規定に基づき厚生労働大臣が定める標章	平成18年厚生労働省告示第619号

告示	作業環境測定基準	昭和51年労働省告示第46号
	作業環境評価基準	昭和63年労働省告示第79号
	作業環境評価基準等の一部を改正する告示	令和2年厚生労働省告示第192号
	事業者が講ずべき快適な職場環境の形成のための措置に関する指針	平成4年労働省告示第59号
	労働安全衛生マネジメントシステムに関する指針	平成11年労働省告示第53号 【改】令和元年厚生労働省告示第54号
	粉じん作業を行う坑内作業場に係る粉じん濃度の測定及び評価の方法等	令和2年厚生労働省告示第265号
指針	労働安全衛生法第28条第3項の規定に基づき厚生労働大臣が定める化学物質による健康障害を防止するための指針	平成24年健康障害を防止するための指針公示第23号 【改】平成28年3月31日付け健康障害を防止するための指針公示第26号
	局所排気装置の定期自主検査指針	平成20年自主検査指針公示第1号
	プッシュプル型換気装置の定期自主検査指針	平成20年自主検査指針公示第2号
	除じん装置の定期自主検査指針	平成20年自主検査指針公示第3号
	化学設備等定期自主検査指針	昭和59年自主検査指針公示第7号
	化学物質等による危険性又は有害性等の調査等に関する指針	平成27年危険性又は有害性等の調査等に関する指針公示第3号
	危険又は有害な業務に現に就いている者に対する安全衛生教育に関する指針	平成元年安全衛生教育指針公示第1号 【改】令和3年全衛生教育指針公示第6号

資料5　関連通達一覧

○関連通達一覧

引金付工具による手指障害等の予防について	昭50. 2.19 基発第 94 号 【改】令4. 3. 1基発 0301 第1号
再圧室の適正な管理等について	昭50. 4. 7基発第 194 号
陶磁器製造業における作業環境改善の手法について	昭56. 4. 2基発第 197 号
二臭化エチレン（EDB）による健康障害予防のための緊急措置等について	昭56.11. 7基発第 710 号
ガラス製品製造業における作業環境改善の手法について	昭56.12.22 基発第 787 号
特定化学物質等障害予防規則第6条第1項の規定による認定の基準及び同規則等の規定により設ける局所排気装置の性能の判定要領について	昭58.7.18 基発第 383 号
鋳物製品製造業における作業環境改善の手法について	昭61. 3.28 基発第 173 号
金属製品製造業における作業環境改善の手法について	昭62. 9. 8 基発第 531 号
半導体製造工程における安全衛生対策指針について	昭63. 2.18 基発第 82 号
放射性物質等の取扱いに係る被ばく管理について	平2. 3. 8基発第 121 号の2
騒音障害防止のためのガイドラインの策定について	平4.10. 1基発第 546 号
ガラス繊維及びロックウールの労働衛生に関する指針について	平5. 1. 1基発第1号
レーヨン製造工程における労働衛生管理の徹底について	平5. 3.19 基安発第8号の2
硫酸製造工程等の設備改修作業における亜硫酸ガス中毒等の防止対策の徹底について	平5. 8.26 基発第 525 号
学校給食事業における労働災害の防止について	平6. 4.21 基発第 257 号
建設業における有機溶剤中毒予防のためのガイドラインの策定について	平9. 3.25 基発第 197 号
建設業における一酸化炭素中毒予防のためのガイドラインの策定について	平 10. 6. 1基発第 329 の1号
代替フロンによる健康障害予防のための当面の対策の推進について	平 10. 6. 1基安発第 15 号の1
硬質ウレタンフォームの吹付けによる断熱工事における酸素欠乏症の防止について	平 10.10.12 基安発第 25 号の4
液化窒素を用いて冷凍を行う冷凍車の冷凍室内の作業における酸素欠乏症防止対策の徹底について	平 11. 4.20 基安発第 15 号の3
放射線防護用保護具の適正な管理等について	平 11.12.2 基安発第 37 号の2
ずい道等建設工事における粉じん対策に関するガイドライン	平 12.12.26 基発第 768 号の2 【改】令2. 7.20 基発 0720 第2号

廃棄物焼却施設内作業におけるダイオキシン類ばく露防止対策について	平 13. 4.25 基発第 401 号の2 【改】平 26.1.10 基発 0110 第1号
化学物質等による眼・皮膚障害防止対策の徹底について	平 15. 8.11 基発第 0811001 号
インジウム・スズ酸化物等取扱い作業による健康障害防止対策の徹底について	平 22.12.22. 基安発 1222 第2号
造船業における塗装作業による有機溶剤中毒予防対策の徹底について	平 16. 8. 3基安発第 0803002 号
次亜塩素酸塩溶液と酸性溶液との混触による塩素中毒災害の防止について	平 16.11. 2基安発第 1102003 号
防じんマスクの選択、使用等について	平 17. 2. 7基発第 0207006 号 【改】令 3.1.26 基発 0126 第2号
防毒マスクの選択、使用等について	平 17. 2. 7基発第 0207007 号 【改】平 30.4.26 基発 0426 第 5 号
PCB 廃棄物の処理作業等における安全衛生対策について	平 17. 2.10 基発第 0210005 号
医療機関におけるグルタルアルデヒドによる労働者の健康障害防止について	平 17. 2.24 基発第 0224007 号
レーザー光線による障害の防止対策について	平 17. 3.25 基発第 0325002 号
屋外作業場等における作業環境管理に関するガイドラインについて	平 17. 3.31 基発第 0331017 号 【改】平 25.3.5 基発 0305 第1号
過重労働による健康障害防止のための総合対策について	平 18. 3.17 基発第 0317008 号 【改】令 2. 4. 1 基発 0401 第 11 号、雇均発 0401 第4号
製造業における元方事業者による総合的な安全衛生管理のための指針について	平 18. 8. 1基発第 0801010 号
第7次粉じん障害防止総合対策の推進について	平 20. 3.19 基発第 0319006 号
派遣労働者に係る労働条件及び安全衛生の確保について	平 21. 3.31 基発第 0331010 号 【改】平 27.9.30 基発 0930 第 5 号
ナノマテリアルに対するばく露防止等のための予防的対応について	平 21. 3.31 基発第 0331013 号 【改】平 26.11.28 基発 1128 第 12 号
介護作業者の腰痛予防対策のチェックリストについて	平 21. 4. 9労働衛生課長事務連絡
チェーンソー取扱い作業指針について	平 21. 7.10 基発第 0710 第1号
チェーンソー以外の振動工具の取扱い業務に係る振動障害予防対策指針について	平 21. 7.10 基発第 0710 第2号
振動障害総合対策の推進について	平 21. 7.10 基発 0710 第5号
石綿含有製品等の製造、輸入、譲渡、提供又は使用の禁止の徹底について	平 23. 1.27 基安発 0127 第1号

「インジウム化合物等を製造し、又は取り扱う作業場において労働者に使用させなければならない呼吸用保護具」の適用について	平 24.12.3 基発 1203 第1号 【改】平 26.11.28 基発 1128 第 12 号
洗浄又は払拭の業務等における化学物質のばく露防止対策の周知に当たって留意すべき事項について	平 25.3.14 基安化発 0314 第1号
職場における腰痛予防対策の推進について	平 25.6.18 基発第 0618 第1号 【改】令 2.8.28 基発 0828 第1号
情報機器作業における労働衛生管理のためのガイドラインについて	令元 . 7.12 基発 0712 第3号 【改】令 3.12.1 基発 1201 第7号
職場における受動喫煙防止のためのガイドライン	令元 . 7.1 基発 0701 第1号
ヒュームの濃度の測定の方法等の施行について 金属アーク溶接等作業を継続して行う屋内作業場に係る溶接	令2.7.31 基発 0731 第1号 【改】令 4.1.26 基発 0126 第2号
特定化学物質障害予防規則における第2類物質「溶接ヒューム」に係る関係省令等の解釈等について	令3.1.15 基安化発 0115 第1号
フィットテスト実施者に対する教育の実施について	令3.4.6 基安化発 0406 第3号
職場における熱中症予防基本対策要綱の策定について	令3.4.20 基発 0420 第3号 【改】令 3.7.26 基発 0726 第2号
労働安全衛生法に基づく安全データシート（SDS）の記載に係る留意事項について	令4.1.11 基安化発 0111 第2号
石綿ばく露防止対策の推進について	令4.1.13 基発 0113 第5号

参考文献

1 ）一般財団法人日本規格協会：JIS K0804 検知管式ガス測定器 . 2014.

2 ）厚生労働省：「職場のあんぜんサイト」化学物質のリスクアセスメント実施支援 .
https://anzeninfo.mhlw.go.jp/user/anzen/kag/ankgc07.htm（2022 年 11 月 24 日アクセス）

3 ）Tabuchi S, Horie S, Kawanami S, et al. Efficacy of ice slurry and carbohydrate-electrolyte solutions for
fi refi ghters.J Occup Health, 2021; 63(1): e12263.

4 ）Hashimoto K, Horie S, Nagano C, et al. A fan-attached jacket worn in an environment exceeding body
temperature suppresses an increase in core temperature. Sci Rep, 2021; 11(1): 21269.

5 ）Mori K, Nagano C, Fukuzawa K, et al. Mitigation of heat strain by wearing a long ‐ sleeve fan ‐
attached jacket in a hot or humid environment. J Occup Health, 2022; 64(1): e12323.

6 ）中央労働災害防止協会：労働衛生のしおり　令和 4 年度 . 2022.

7 ）厚生労働省：チェーンソー取扱い作業指針について . 平成 21 年 7 月 10 日付け基発 0710 第 1 号 .

8 ）厚生労働省：チェーンソー以外の振動工具の取扱い業務に係る振動障害予防対策指針について . 平成
21 年 7 月 10 日付け基発 0710 第 2 号 .

9 ）厚生労働省：振動工具の「周波数補正振動加速度実効値の 3 軸合成値」の測定、表示等について . 平成
21 年 7 月 10 日付け基発 0710 第 3 号 .

10 ）厚生労働省：振動障害総合対策要綱 . 平成 21 年 7 月 10 日付け基発 0710 第 5 号 別紙 .

11 ）厚生労働省：振動工具取扱作業者等に対する安全衛生教育の推進について . 平成 21 年 7 月 10 日事務
連絡 .

12 ）厚生労働省：今後の振動障害予防対策の推進について . 平成 25 年 9 月 19 日付け基安労発 0919 第 1 号 .

13 ）公益社団法人日本産業衛生学会：許容濃度等の勧告 . 2022.

14 ）厚生労働省：個人サンプリング法による作業環境測定及びその結果の評価に関するガイドライン .
2020.

15 ）厚生労働省：作業環境測定法施行規則の一部を改正する省令等について . 2020.

16 ）厚生労働省：リーフレット「金属アーク溶接等作業を継続して屋内作業場で行う皆さまへ」. 2022.

17 ）岩崎明夫：個人サンプリング法による作業環境測定とその実践 . 産業保健 21, 105; 14-17. 2021.

18 ）中小企業庁：中小企業 BCP 策定運用指針～緊急事態を生き抜くために～ .
https://www.chusho.meti.go.jp/bcp/contents/level_c/bcpgl_01_1.html（2022 年 11 月 24 日アクセス）

19 ）坪倉誠：室内環境におけるウイルス飛沫感染の予測とその対策（2020 年 8 月 24 日記者勉強会資料）.

◆ おわりに ◆

　職場巡視は、労働衛生を行う上で基本となる作業環境管理、作業管理、健康管理に関する情報収集の重要な手段です。問題点の指摘に固執することなく、労働者がどのような環境で仕事をし、どのような作業をしているか、時間をかけてじっくり観察してください。工場は日進月歩で変化しています。健康管理室で聞く耳を持たない従業員が、現場では実に活き活きと仕事をしていることもあります。きっと新たな発見があります。

　時間の都合上、職場巡視では限られた職場や作業しか見ることができないかもしれません。大きな事業場では、全ての作業を見ることは不可能に近いでしょう。目の前で起きている現象や作業をつぶさに捉え、その背景に潜むさまざまな要因に配慮しながら改善を進めましょう。そのためにも、足繁く職場に出向き、コミュニケーションをとるように努めましょう。

　本書の作成に当たり、神出先生、中山先生、大橋先生の若手三先生にご参集いただきました。若手とは言いましても、それぞれの現場で活躍する気鋭の産業医です。本書全体の構成や書きぶりから、執筆途上での意見交換、一次稿の検討など、節目節目でミーティング行いながら作り込んでいきました。結果、執筆陣それぞれの経験やノウハウを盛り込むことができました。

　取り上げた現場は、私以下4名の所属先である非鉄金属業・機械製造業・重工業のもののため、必ずしも読者の皆さんが担当される現場と同じではないかもしれませんが、労働衛生3管理を中心に「どこをどう見て、どう対応する」ということにまつわるノウハウやハウツーを読み取っていただけるかと思います。

　最後になりますが、本書作成に当たり、多大なるご協力を賜りました古河電気工業株式会社および株式会社クボタの関係者、十文字学園女子大学 田中茂名誉教授、株式会社吉積労働衛生コンサルタント事務所 吉積宏治所長に心から感謝申し上げます。

2023年1月
株式会社クボタ 産業医
加部　勇

[執筆・編集]

加部　勇 <small>(かべ・いさむ)</small>

　平成2年3月、産業医科大学卒業。同年4月、古河電気工業株式会社入社、統括産業医。平成30年より現職(株式会社クボタ産業医)。

　労働衛生コンサルタント、作業環境測定士、公益社団法人日本産業衛生学会指導医、医学博士。

　主な著書に『半導体製造特殊材料ガスの生態影響』(分筆／日本セミコンダクター)、『産業医実務エッセンス』(分筆／労働調査会)、『働く人の健康診断の事後措置(改訂版)』(分筆・編著／産業医学振興財団)、『産業医活動をする人のために』(編著／産業医学振興財団)、『こころの病からの職場復帰』(分筆／至文堂)、『化学物質等のリスクアセスメント・リスクマネジメントハンドブック』(分筆／日本作業環境測定協会)、『有機溶剤作業主任者テキスト』(分筆・編集／中央労働災害防止協会)、『特定化学物質・四アルキル鉛等作業主任者テキスト』(分筆・編集／中央労働災害防止協会)、『鉛作業主任者テキスト』(分筆・編集／中央労働災害防止協会)、『産業保健活動事典』(分筆・編集／バイオコミュニケーションズ)

など

[執筆]

神出　学 <small>(じんで・まなぶ)</small>

　平成27年3月、産業医科大学医学部卒業。呉共済病院で臨床研修。株式会社日立製作所日立健康管理センタ、産業医科大学産業生態科学研究所産業保健経営学研究室を経て、現在三菱重工業株式会社産業医。博士(産業衛生学)、日本産業衛生学会専門医、社会医学系専門医、労働衛生コンサルタント。

中山　雅史 <small>(なかやま・まさし)</small>

　平成27年3月、産業医科大学医学部卒業。宇治徳洲会病院で初期臨床研修後、JFEスチール株式会社西日本製鉄所倉敷地区専属産業医、産業医科大学産業生態科学研究所産業保健管理学を経て、現在株式会社クボタ堺製造所専属産業医。日本産業衛生学会専門医、社会医学系専門医、労働衛生コンサルタント。

大橋　秀晃 <small>(おおはし・ひであき)</small>

　平成29年3月、産業医科大学医学部卒業。製鉄記念広畑病院で臨床研修、産業医科大学病院、産業医科大学産業医実務研修・センターを経て、現在株式会社クボタ産業医。産業医科大学産業医実務研修センター非常勤助教。

How to 産業保健①

新版　まるわかり職場巡視　工場編
－現場写真でたどる巡視の視どころ・勘どころ－

2023年1月23日　初版　　　　　　　　　　定価（本体2,000円＋税）

編 著 者　　加部　勇
著　　者　　神山　　ナノ／中山　雅史／大橋　秀晃
編集発行人　　井上　真
発 行 所　　公益財団法人 産業医学振興財団
　　　　　　〒101-0048　東京都千代田区神田司町2-2-11新倉ビル
　　　　　　TEL 03-3525-8291 FAX 03-5209-1020
　　　　　　URL https://www.zsisz.or.jp
印 刷 所　　一誠堂株式会社

ISBN978-4-915947-80-3　C2047　¥2000E